湖北省知识产权培训通识教材

知识就是财富

——知识产权支撑创新发展案例选编

罗林波　宋冬冬　张鹏飞　主　编

邓云云　魏　波　江　尚　副主编

知识产权出版社
全国百佳图书出版单位
—北 京—

图书在版编目（CIP）数据

知识就是财富：知识产权支撑创新发展案例选编/罗林波，宋冬冬，张鹏飞主编. —北京：知识产权出版社，2020.12
ISBN 978－7－5130－7340－0

Ⅰ.①知… Ⅱ.①罗… ②宋… ③张… Ⅲ.①知识产权—案例—中国 Ⅳ.①D923.405

中国版本图书馆 CIP 数据核字（2020）第 265888 号

责任编辑：刘　睿　刘　江　　　　　　　责任校对：王　岩
封面设计：智兴设计室·张国仓　　　　　　责任印制：刘译文

知识就是财富
——知识产权支撑创新发展案例选编

罗林波　宋冬冬　张鹏飞　主　编

邓云云　魏　波　江　尚　副主编

出版发行：知识产权出版社 有限责任公司	网　址：http://www.ipph.cn
社　址：北京市海淀区气象路 50 号院	邮　编：100081
责编电话：010－82000860 转 8344	责编邮箱：liujiang@cnipr.com
发行电话：010－82000860 转 8101/8102	发行传真：010－82000893/82005070/82000270
印　刷：三河市国英印务有限公司	经　销：各大网上书店、新华书店及相关专业书店
开　本：880mm×1230mm　1/32	印　张：7
版　次：2020 年 12 月第 1 版	印　次：2020 年 12 月第 1 次印刷
字　数：168 千字	定　价：28.00 元

ISBN 978－7－5130－7340－0

前　言

人类社会的发展史是一部文明演进史。创新是社会演进中最核心的动力。

从西亚两河流域农耕文明的繁荣，到欧洲工业革命的爆发，至如今知识经济的快速发展，无创新难跨越，大创新方鼎盛，已成为人类的共识。

古国邦城，楼塔奇器，锦绣人间。人类在不断的创新中，用智慧和灵巧改变着生活、改变着世界，创造了灿烂辉煌的世界文明。今天我们在享受现代文明的同时，不禁会思考，究竟是什么让人类有持续的激情和活力在发明创新的路上永不疲倦、行稳致远。是人类对美好生活的向往和追求，是人类创造了并践行着保护发明创新的科学制度。

可我泱泱大国，国力日盛，科技日新，在世界政治经济格局中举足轻重。如何成为科技强国？我们近 100 万亿元 GDP 总量中，现代制造业尤其是高精尖技术产业的占比如何快速提升？我们唯有加大改革开放力度，融入世界，方能引领世界；我们需要大力实施知识产权强国战略，真正实现科教兴国，走高质量发展的正道。

习近平总书记指出，加强知识产权保护，是完善知识产权制度最重要的内容，是提高中国经济竞争力最大的激励。习总书记强调，要着眼国家战略需求，引进国内外顶尖科技人才。要积极实行以增加知识价值为导向的分配政策，探索对创新人才实行股权、期权、分红等激励措施，让他们各得其所。总书记的指示，正推动我国为科技创新营造更适宜的生态，引领我国知识产权事业步入明媚的春天，也为"有贡献者亨利，善创新者乐新"擘画了光明前景。

近年来，湖北省知识产权局通过实施高价值知识产权培育工程、重点企业知识产权海外护航工程、知识产权运用示范工程以及品牌提升行动，充分发挥知识产权制度对创新的激励和保障作用，最大限度发挥知识产权制度对违法行为的打击和震慑作用，大力培育促进经济社会高质量发展的高价值专利和高价值品牌。湖北省知识产权法治环境、创新环境、科技人才成长环境进一步优化，湖北科教大省的创新地位和优势进一步凸显，涌现了一批在国际上"立得住""叫得响""吃得开"的核心技术和知名品牌。

在湖北省科技创新的征程中，"重生产轻专利、重有形轻无形、重制造轻创造、重申请轻运用"的意识仍普遍存在，企业在创新实践中对知识产权的认识仍存在盲点和误区。这将制约产业发展的高度，放缓产业创新和升级的速度，影响湖北融入全球技术创新的进程，也会降低湖北高质量发展的品质。

鉴于此，我们在湖北省知识产权局的资助下编写《知识就是财富》一书，选取 65 个典型案例，以短小精悍的篇幅，通俗易懂的方式，为企业如何提升知识产权意识，如何开展知识产权的创造、运用和保护提供思考和借鉴。以触手可及的案例，向企业管理者讲述如何利用知识产权为企业赢得竞争优势、变现企业财富、控制国际纷争。

全书共分为六章。第一章"知识经济下的知识产权"，简明介绍知识产权基本知识、知识经济时代知识产权的作用和特征；第二章"财富警钟——不可忽视的知识产权"，通过正反两方面的案例，生动展现知识产权在企业经营管理中的作用，增强企业管理者对知识经济运行规律的认识和把握；第三章"财富基石——知识产权的创造"，重点介绍企业如何进行专利布局，如何开展高价值知识产权创造，增强企业管理者对知识产权的认识；第四章"生财有道——知识产权的运用"，通过鲜活的案例介绍知识产权运营，为创新主体提供知识产权变现的途径和范式；第五章"守财有法——知识产权的保护"，围绕企业如何应对知识产权诉讼纠纷、海外维权等热点问题，介绍企业知识产权维权的实战经验和教训，为企业开展知识产权保护提供借鉴和思考；第六章"理财有方——知识产权的管理"，介绍企业如何开展知识产权制度建设与知识产权管理实践，以具体案例启发读者如何通过建立和完善知识产权管理体系，激发企业内在创新活力，实现高质量发展，持续获取财富。

因素材积累有限，时间较紧，加上编写水平有限，本书在成稿的过程中难免有疏漏和不足，恳请读者批评指正。

编　者

2020 年 9 月 4 日

目　录

第一章　知识经济下的知识产权

春秋战国时期，宋国有户人家世代以漂洗丝絮为业，为了治疗家人长期因浆水浸泡而皲裂的双手，这家人通过不断尝试，自制了一方治疗皲裂的膏药，用后效果甚佳。起初仅限于自家人使用，直到该膏药的疗效在乡邻中传播开后，竟有人提出用百金高价购买膏药配方和熬制方法。

事后，这户人家感慨良久。最初因家人常年漂洗丝絮双手皲裂而痛苦不堪，为减轻家人痛苦被迫研制膏药，未曾料该药方一经卖出，其价值远超一家人多年的漂洗收入。可笑自家人怀抱百金，却在日复一日地重复祖传艰辛的劳作。

当然，两千多年前我们的先祖还没有知识产权这一说法，但在生活和生产实践中，其实他们已经开始了知识产权的创造与运用。伴随着欧洲工业革命的爆发，现代知识产权制度在欧洲率先确立并逐步完善，加快了西方经济社会的发展进程。随着知识经济时代的到来，知识产权已成为现代经济发展的基石，日益凸显出重要作用。

一、知识经济与知识产权

1. 认识知识经济

对于知识经济的定义，学者们见仁见智。按经济合作与发展组织（OECD）在《以知识为基础的经济》报告中的定义：知识经济是指建立在知识和信息的生产、分配和使用之上的经济。我们认为，知识经济是以科学技术知识生产、运用为基础的经济形态，是与以土地为基础的农业经济和以机器为基础的工业经济相对应的一个概念。

知识经济是随着人类科学技术知识积累到一定程度，知识在经济发展中的作用不断提升的历史产物。在 18 世纪 60 年代工业革命发生以前，人类的知识积累比较缓慢，生产要素主要是土地和劳动力，而大部分劳动力主要从事农业活动，以解决人类赖以生存的吃、穿等基本问题，这一时代被称为农业经济时代。自 18 世纪 60 年代至 20 世纪 60 年代，随着工业革命对生产力发展的推动，人类的科学技术知识得到迅速发展，生产要素主要包括劳动力、土地、材料、能源和资本，大部分劳动力从事工业生产以解决人类的用、住、行等问题，人类进入工业经济时代。20 世纪 60 年代以后，知识已成为最重要的生产要素，知识投资具有越来越高的回报率，大部分劳动力转向以知识为中心的服务产业，仅需小部分劳动力投入生产便可满足人类所需的农业和工业物质产品，人类进入知识经济时代。

现实中，世界各国经济要实现跨越式发展和可持续发展，对知识产权的依存度将越来越高。按照当前世界产业链评估结果显示，工业产品的利润 80% 以上集中在以知识产权为核心的商标和专利的许可上。在信息、生物、新能源、新材料等战略性新兴产业领域，知识产权的价值更为突出。

从经济活动形式上看，知识经济具备众多特征。例如，资源利用智力化、资产投入无形化、知识利用产业化、企业发展虚拟化、经济发展可持续化、经济全球化等。无论它在具体的实践中表现出何种特征，归纳起来主要有以下三方面的核心内容。

其一，创新是知识经济的灵魂，知识产权将成为企业创新的重要杠杆。在知识经济时代，企业获得市场竞争优势的重要手段是创新，而通过创新所获得的知识产权是企业利益的集中体现，也是最重要的产权形式，因此，运用知识产权激励企业创新发展，是人类进入知识经济时代的必然结果。企业的技术创新系统在时间上表现为一个过程，包括科学技术知识的发明构思、研究开发、品牌创立、生产销售、经营管理、服务延伸等持续发展过程，知识产权始终贯穿这一过程，并发挥着巨大的推动作用。❶

其二，知识产权法律制度是知识经济发展的基石。从立法角度来看，知识产权法律制度可以追溯到1474年威尼斯共和国颁布的人类历史上第一部专利立法，知识产权在国际范围内受到保护可以自1883年《保护知识产权巴黎公约》的签订算起；从执法角度来看，主要发达国家都在本国建立了知识产权专门管理机构，世界知识产权组织（WIPO）和世界贸易组织（WTO）已成为世界范围内协调知识产权工作的两大主体；从司法角度来看，近年来关于知识产权的诉讼、仲裁、调解案件数量激增，知识产权纠纷的及时有效处理也成为各国司法机关的重要工作内容。数百年来，各国关于知识产权保护的法律和国际公约不断完善，为知识经济的全球化、数据化和网络化发展提供了制度保障。

其三，知识产权是企业在知识经济时代生存发展的必要条件。在知识经济时代，以信息科学、生命科学、新能源和可再生能源、航空航天、海洋开发等为代表的新兴产业的科学研究不断取得突破性进展，国际国内经济也围绕这些领域形成了知识经济的支柱产业。未来的新兴企业或传统企业要想进入新兴领域，实现新生或可持续发展，就需要掌握该领域前沿的先进技术和相关知识产权，否则在知识产权法律框架下将寸步难行。

---

❶　王可达. 知识经济与知识产权 [J]. 探求，1999（5）：39－41.

2. 了解知识产权

（1）什么是知识产权

知识产权是指人们基于其智力劳动创造的成果和经营活动中的工商业标记而依法享有的专有权利。● 在日常生活中，人们接触到的许多事物与知识产权有密切关系，以汽车为例，如图 1.1 所示，其行车控制系统以及软件程序受软件著作权保护，车身外形及车内设计受外观设计专利权保护，引擎技术及其他机件受发明专利权或者实用新型专利权保护，而车标则受商标权保护。

外观设计专利权
车身外形及车内设计

软件著作权
行车控制程序

实用新型专利或发明专利权
引擎技术及其他机件

商标权
标志或牌子名称

集成电路布图设计权
控制芯片

图 1.1 汽车所涉及的知识产权

（2）知识产权的特点

知识产权具有独占性、地域性、时间性及客体非物质性等特点。

独占性即排他性，任何人未经知识产权权利人授权、许

● 吴汉东. 知识产权法［M］. 北京：法律出版社，2014.

可或法律特别规定，不得实施知识产权权利人的知识产权。也就是说，只有在知识产权权利人授权、许可或法律特别规定的情况下，才能以特定方式加以利用，否则构成侵权。比如商标，除了商标权人之外其他人都不可以使用，一旦使用就构成侵权。

地域性则是指法律对知识产权的保护只有在一定的地域内才生效。一般来说，知识产权的效力仅限于申请国境内，有国际条约、双边或者多边协定的特别规定除外。之所以具有地域性，是因为知识产权是一国公共政策的产物，而各国有关知识产权的获得和保护的规定各不相同，所以一国的知识产权在他国不能自动获得保护。❶ 这就使得很多企业一旦发明出某项新技术，一般都会在不同国家申请专利进行保护。

时间性是指知识产权的保护期是有限的，一旦超过法律规定的保护期限，知识产权就不再受保护。例如，《中华人民共和国专利法》对发明专利的保护期是 20 年，期满之后原专利技术就进入公共领域，任何人可以自由使用。法律对知识产权的保护不是永久的，这其实是出于促进人类科技社会进步的考量，倘若保护的时间过长，就会抑制全社会的持续创新能力。

客体非物质性是指知识产权的客体是具有非物质性的作品、发明创造、外观设计和商标标识等。知识产权的客体往往依附于物质载体，但并不意味着知识产权的客体是物质载体本身，知识产权的客体只是物质载体体现的非物质成果。例如，某人购买了一本书，书只是著作权的载体，而不是著作权本身。他只能获得书的所有权，而不能获得该书的著作权。

---

❶ 王迁. 知识产权法教程［M］. 北京：中国人民大学出版社，2019.

（3）知识产权的分类

我们在日常生活中经常接触到的传统知识产权主要有专利权、商标权及著作权。其中，专利权和商标权被合称为工业产权，而著作权自成一体。该划分的标准在于权利应用领域的不同。专利权保护的是在工业、农业领域进行实际应用的发明创造和工业品外观设计。商标权保护的是商业流通领域使用的商标标识所体现的商誉。著作权主要适用于给人带来美感和精神享受的文学艺术作品，人们欣赏文学艺术作品是为了获得精神愉悦。

除此之外，广义的知识产权还包括植物新品种权、集成电路布图设计权、商业秘密权、地理标志权、商号权、域名权以及关于制止不正当竞争的权利。本书仅对传统的专利权、商标权和著作权作简要介绍。

专利权是指国家根据专利权人提出的专利申请，以向社会公开发明创造或设计的内容，在发明创造或设计对社会具有符合法律规定的利益的前提下，根据法定程序在一定期限内授予发明创造人或设计人的一种排他性权利，目的是鼓励发明创造，推动发明创造的应用，提高创新能力，促进科学技术进步和经济社会发展。专利权的独占性相比其他知识产权更为强烈，主要表现为在先申请人的独占性。例如，两人出于巧合先后各自独立完成了相同的发明创造，而其中一人先申请并获得专利权，则另外一人不能获得专利权。专利主要分为三类：第一类是发明专利，是指对产品、方法或者其改进所提出的新的技术方案；第二类是实用新型专利，是指对产品的形状、构造或者其结合所提出的适于实用的新的技术方案；第三类是外观设计专利，是指对产品的形状、图案或者其结合以及色彩与形状、图案的结合所作出的富有美感并适于工业应用的新设计。发明专利权的保护期限为 20 年，实用新型专利权和外观设计专利权的保护

期限分别为 10 年、15 年，均自申请日起计算。❶

商标专用权是指商标权人对其注册商标在核定使用的商品或服务上进行专有使用的排他性权利。根据《中华人民共和国商标法》的规定，商标权表述为注册商标的专用权，经商标局核准注册的商标为注册商标，包括商品商标、服务商标和集体商标、证明商标等。任何能够将自然人、法人或者其他组织的商品与他人的商品区别开的标志，包括文字、图形、字母、数字、三维标志、颜色组合和声音等，以及上述要素的组合，均可以作为商标申请注册。"核定使用的商品或服务"是指注册时核准使用的指定商品类别中的具体商品或服务。作为一种标记，商标可以使得消费者能适当区分一个企业的产品或服务与其他企业的产品或服务。注册商标的有效期为 10 年，自核准注册之日起计算。❷

著作权，又称版权，是指民事主体依法对作品及相关客体所享有的专有权利。狭义的著作权仅指作者对作品所享有的一系列专有权利。广义的著作权还包括邻接权，即作品的传播者在传播作品的过程中，对其付出的创造性劳动成果依法享有特定的专有权利。根据《中华人民共和国著作权法》规定，邻接权特指表演者对其表演、录音录像制作者对其制作的录音录像制品、广播组织对其播出的节目信号和出版者对其设计的版式享有的专有权利。著作权区别于其他知识产权的一个特点是它同时包含人身权利和财产权利两种权利类型。作者的著作权无须登记注册即可得到法律保护，只要作品创作完成，无论是否发表，即自动享有著作权。作者的署名权、修改权、保护作品

---

❶ 《中华人民共和国专利法》第 42 条。
❷ 《中华人民共和国商标法》第 39 条。

完整权的保护期不受限制。❶ 公民的作品，其发表权及著作财产权的保护期为作者终生及其死亡后 50 年，截至作者死亡后第 50 年的 12 月 31 日；法人或者其他组织的作品、著作权（署名权除外）由法人或者其他组织享有的职务作品，其发表权及著作财产权的保护期为 50 年；电影作品和以类似摄制电影的方法创作的作品、摄影作品，其发表权及著作财产权的保护期为 50 年。❷

二、常见知识产权申请

这里仅对读者经常遇到的专利、商标、软件著作权的申请，详细解读其流程和步骤。

1. 专利申请

申请人提出专利申请，并缴纳申请费，国务院专利行政部门对提交申请的专利进行分类，并进行初步审查。发明专利申请，经初步审查合格或补正后合格的，申请人需要在申请日起 3 年内书面提出实质审查请求。需要注意的是，如果 3 年内未提出实质审查请求的则视为撤回申请。实质审查需要修改的，申请人应当在规定的日期内进行补正。国务院专利行政部门对补正不合格的予以驳回，对合格的授予专利权。外观设计专利申请、实用新型专利申请不需要提出实质审查请求，初审合格

---

❶ 《中华人民共和国著作权法》第 22 条。
❷ 吴汉东. 知识产权法［M］. 北京：法律出版社，2014.

就可以授予专利权，初审不合格后需要修改的，申请人应当在规定的日期内进行补正。国务院专利行政部门对补正不合格的予以驳回，对合格的授予专利权（见图 1.2）。

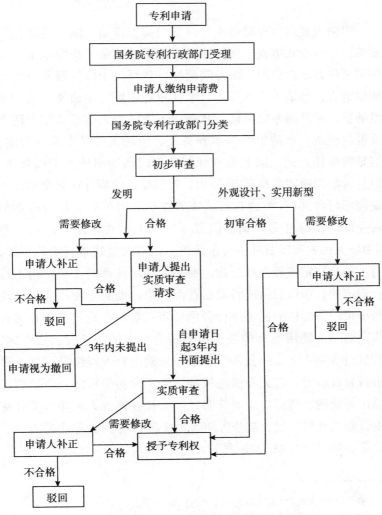

图 1.2　专利申请流程

2. 商标注册

申请人要向国务院商标行政部门提交申请，国务院商标行政部门进行形式审查，商标注册申请手续齐备、按照规定填写申请文件并缴纳费用，国务院商标行政部门予以受理并书面通知申请人；申请手续不齐备、未按照规定填写申请文件或者未缴纳费用的，国务院商标行政部门不予受理，书面通知申请人并说明理由；申请手续基本齐备或者申请文件基本符合规定，但是需要补正的，国务院商标行政部门通知申请人予以补正，限其自收到通知之日起 30 日内，按照指定内容补正并交回国务院商标行政部门。[1] 通过形式审查之后，国务院商标行政部门对受理的商标注册申请，依照《中华人民共和国商标法》及《中华人民共和国商标法实施条例》的有关规定进行实质审查，对不符合规定或者在部分指定商品上使用商标的注册申请不符合规定的，予以驳回或者驳回在部分指定商品上使用商标的注册申请，商标被驳回可进行驳回复审；对符合规定或者在部分指定商品上使用商标的注册申请符合规定的，予以初步审定，并进行为期 3 个月的公告。若在公告期内有人提出异议则需要进行异议答辩，若无异议则核准注册。对初步审定公告的商标提出异议的，商标局应当听取异议人和被异议人陈述事实和理由，经调查核实后，自公告期满之日起 12 个月内作出是否准予注册的决定（见图 1.3）。[2]

---

[1] 《中华人民共和国商标法实施条例》第 18 条。

[2] 《中华人民共和国商标法》第 35 条。

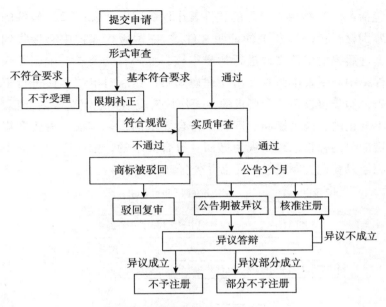

图 1.3　商标注册的申请流程

3. 软件著作权登记

　　我国作品实行自愿登记，作品不论是否登记，作者或其他著作权人依法取得的著作权不受影响。[1] 此处以计算机软件著作权这类较为特殊的著作权为例，介绍著作权的登记流程。

　　进行计算机软件著作权登记，首先要登录中国版权保护中心网站并在网上填写申请，打印申请表并连同其他登记文件提交给中国版权保护中心。应当向中国版权保护中心提交的材料

---

　　❶　《作品自愿登记试行办法》第 2 条。

包括：（1）按要求填写的软件著作权登记申请表；（2）软件的鉴别材料；（3）相关的证明文件。❶ 中国版权保护中心接收到文件后要对申请文件进行初步审核，如果符合要求，中国版权保护中心受理申请并发出受理通知书，然后对申请文件进行审查；初步审核不符合要求的，著作权人应当在规定期限内补正，不补正的，视为撤回。审查不符合要求的，著作权人需要在规定期限内补正，否则视为撤回。符合要求的，中国版权保护中心予以登记，颁发登记证书并公告（见图1.4）。

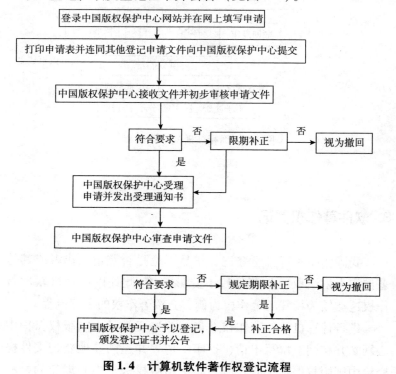

图1.4 计算机软件著作权登记流程

---

❶ 《计算机软件著作权登记办法》第9条。

第二章　财富警钟

——不可忽视的知识产权

一、忽视知识产权就如"盲人骑瞎马"

1. 中国 DVD 产业：遭受专利缺失之痛[1]

导　语

　　20 世纪末，我国 DVD 产业一度发展迅猛。据统计，1997～2000 年，我国 DVD 产量的年均增幅高达 400%，2000 年时我国 DVD 产品已经在世界市场占据一席之地。正当 DVD 产业在海外快速扩张的时候，众多国外企业联合起来，以知识产权为武器，向我国企业征收高昂的专利使用费。由于当时国内企业知识产权意识淡薄，在国外企业专利收费的狙击下，他们毫无还手之力，任由"宰割"。自此，国内红极一时的 DVD 产业快速衰落。

案　例

　　DVD 曾经是中国出口创汇的代表性科技产业之一，但是在中国加入 WTO 之后，一场来自国外 DVD 专利权人的"专利收费风暴"不期而至，使中国企业在进入全球市场时经历了一场

---

　　[1]　刘仁. 中国 DVD 企业遭受专利缺失之痛 [N]. 中国知识产权报，2008 - 12 - 05.

专利战的洗礼。

专利收费大军压境

20 世纪 90 年代，我国 DVD 产业发展迅猛，由于极具制造成本优势，中国的 DVD 产品以市面上其他同类产品 1/5 的价格，畅销欧盟和美国市场。根据 2002 年的数据统计，中国当时 DVD 产品的产量已占世界的 90%。但是国内 DVD 企业的生产大多只是进行简单的组装工作，DVD 的核心元器件，如解码芯片、机芯和光学头等大都依赖进口。

2000 年，由东芝、松下、JVC、三菱电气、日立、时代华纳组成的 6C 联盟，开始与中国 DVD 企业就专利使用费问题进行正式谈判。2002 年 4 月，6C 联盟与中国电子音响工业协会达成专利许可协议：中国公司每出口 1 台 DVD 播放机，支付 6C 联盟 4 美元的专利使用费。在 2003 年 10 月第 94 届广交会期间，我国 5 家 DVD 生产企业因为拒绝缴纳专利使用费，被驱逐出展馆，从此停止出口业务。

此后，国外其他专利权人也纷至沓来。由索尼、先锋、飞利浦组成的 3C 联盟，在 2002 年 10 月与中国电子音响工业协会达成协议：中国公司每出口 1 台 DVD 播放机，向 3C 联盟支付 5 美元的专利使用费。2004 年，法国汤姆逊公司与中国电子音响工业协会达成协议，向中国 DVD 企业收取每台 1 ~ 1.5 美元的专利使用费。同年 6 月，DTS 公司也声称，要强制征收中国 DVD 企业每台 10 美元专利使用费。

中国电子音响工业协会代表中国 DVD 企业在两年多的时间内与国外专利权人进行了多轮谈判，最终的结果是我国企业每出口一台 DVD 合计要支付约 16 美元的专利使用费，包括：向 6C 联盟支付 4 美元专利使用费，向 3C 联盟支付 5 美元专利使用费，向汤姆逊公司支付售价 2% 的专利使用费，向杜比公司支付 1 美元专利使用费，向 MPEG – LA 公司支付 4 美元专利使用费。

民族企业进退维谷

在接二连三的 DVD 专利收费狙击下，一度繁盛的国产 DVD 行业快速走向萧条。国外专利权人蜂拥而上，向我国 DVD 企业征收专利使用费，直接导致我国 DVD 生产企业硬性成本增加，利润减少。而随着该产业的国际市场竞争日益激烈，DVD 产品价格持续下跌，最低跌到每台 30 ~ 40 美元，专利许可费却没下降，利润率已经低至仅几个百分点。国内 DVD 生产企业面临不涨价即亏损，涨价即失去竞争优势的两难境地。2004 年年中，国内 DVD 生产企业数量已从鼎盛时的 140 多家锐减到 30 多家。

在沉痛中觉醒

面对如此强劲的狙击，我国 DVD 产业逐渐在沉痛中觉醒。他们意识到如果仅凭借廉价的劳动力成本优势，不在核心元件研发上突破，不掌握核心元器件的自主知识产权，就无法在这场没有硝烟的战争中幸存。此后，国内企业开始致力于加大高科技研发力度，重视掌握自主的知识产权，以此提高产品附加值。例如，武汉朗迪光电子公司率先研发出 DVD 光学头，随后中国光盘产业推进委员会制定了中国 SVS 光学头标准，我国自行制定标准的新一代强化高密度数字激光视盘系统 EVD 光盘播放机终于在 2002 年年底问世。

启　示

我国企业在"走出去"过程中要警惕知识产权陷阱，避免"羊肥了挨宰"。在中国 DVD 企业较为弱小，市场潜力还未发掘之时，外国掌握专利的企业对中国企业侵犯其知识产权的行为并不直接索赔，而是通过知识产权布局设下陷阱。当我国"入世"之后，中国 DVD 企业逐步扩大了其产品的国际市场份额。正当羊肥之时，外国专利企业便纷纷抽出知识产权利剑，实现多重目的：其一，从市场份额日益增大的中国企业手中分取利润；其二，通过收取专利费用提高中国企业的产品成本，掣制中国企业向产业中高端发展；其三，打压中国这个竞争对手，降低中国企业品牌的美誉度。知识产权是国际市场的"准入证"，我国企业唯有掌握核心技术，拥有自主知识产权，才能避免任人宰割的悲剧，否则再高的产业大厦也是建立在沙滩上的空中楼阁。

2. 贵州微硬盘：不经意间败在知识产权的利剑下

导　语

2005 年《国家中长期科学和技术发展规划纲要（2006—2020 年）》首次提出要"建立重大经济活动知识产权特别审查机制"，2008 年《国家知识产权战略纲要》再次明确提出要"建立健全重大经济活动知识产权评议制度"。这一制度确立的背后，饱含了血和泪的教训，贵州微硬盘之殇恰是见证。

案　例

2001 年年底，贵州开始了一场轰轰烈烈的"微硬盘"兴省之旅。在此后的 4 年中，贵州累计投入 20 亿元资金，使得项目正常投产。但当贵州企业把产品拿到美国拉斯维加斯电子展上参展时，马上遭到了日本日立公司的指控，日立环球存储公司以4项专利被侵权为由，在美国加利福尼亚州起诉主持贵州微硬盘项目的南方汇通微硬盘公司、南方汇通世华微硬盘有限公司以及磁源公司。最终导致贵州的微硬盘产品遭到全面封杀，该项目被迫停产，20亿元巨资变成了一场知识产权纠纷。这便是有名的贵州微硬盘事件。

反思事件始末，其实贵州微硬盘项目从一开始就存在两大知识产权隐患：一是微硬盘技术的上百项专利在早期已经归美国IBM公司拥有。随后IBM把硬盘生产整个剥离，上百项微硬盘专利全部转让给了日本日立公司。二是贵州微硬盘项目的核心技术总负责人，曾在铼德科技美国子公司Microstor公司主持研发1英寸硬盘，他离开Microstor公司后创办磁源公司（贵州微硬盘项目的技术研发中心），这存在违反同业禁止规定的可能，而且产品样本和技术资料均是他在Microstor公司的研发成果，更加剧了知识产权纠纷隐患。

对于这两大隐患，贵州微硬盘项目在一开始曾有两次避免风险的机会，遗憾的是均未抓住。一是在项目立项之初，贵州省知识产权局即针对微硬盘技术进行了知识产权调研，并专门委托国家知识产权局进行检索、查证，结果发现项目面临专利侵权被诉讼的风险，知识产权部门立即将结果上报了贵州省政府，但没引起足够的重视。二是在贵州微硬盘项目刚刚启动之时，日立环球存储公司即找上门来，控诉其专利侵权，拟就专利许可事宜达成和解方案，但贵州公司方面缺乏专利意识，不认同向对方缴纳专利许可费的做法，使和解搁浅。最终酿成了外方兵临城下，产业崩坍的局面。

启 示

贵州微硬盘项目各方自始至终都没有正视其在知识产权方面隐藏的风险，使这座美轮美奂的产业大厦看似宏伟坚固，实则千疮百孔。由于管理层对知识产权的忽视，导致大厦坍塌，投资付诸东流。建设知识产权强国的第一要务就是要形成重视和尊重知识产权的社会风尚，作为宏观政策制定者的各级政府部门应当引以为戒。微硬盘之殇折射出重大经济活动知识产权评议制度的重要意义。

一是各级政府要将"建立健全重大经济活动知识产权评议制度"切实落到实处，避免重大经济活动中因知识产权风险带来的损失。

二是企业在面对重大决策投资时，要综合运用知识产权情报分析手段，对需要引进或者大规模投入的技术进行分析研究，并形成知识产权分析评议报告，尽可能地将知识产权风险拒之门外。

3. JFMY：竞争对手专利狙击导致上市计划搁浅[1]

导 语

知识产权纠纷对申请上市的公司的影响是不容忽视的，小

---

[1] 吕可珂. 科创板上市委取消审议晶丰明源公司发行上市申请［N］. 中国知识产权报，2019－07－25.

则延误公司上市进程，大则导致公司的市场拓展彻底失败，甚至危及其生存。上海某半导体公司 JFMY 正是因为竞争对手发起的专利诉讼，被上海证券交易所临时决议取消审议，成为科创板第一家被取消审核 IPO 的公司。

案　例

2019 年 7 月 23 日，上海证券交易所发布《科创板上市委 2019 年第 16 次审议会议公告的补充公告》。公告称，因 JFMY 公司在本次上市委审议会议公告发布后出现涉诉事项，根据本所相关规则规定，本次上市委审议会议取消审议 JFMY 公司的发行上市申请。

究竟是什么涉诉事项阻碍了 JFMY 公司的上市之路呢？据有关媒体报道，2019 年 7 月 19 日，杭州某半导体公司 XLJ 向杭州市中级人民法院起诉 JFMY 公司发明专利侵权，而该起诉讼正是 JFMY 公司发行上市申请被科创板上市委审议会议取消的关键原因。

在该起诉讼中，XLJ 公司认为，JFMY 公司未经其许可，以生产经营为目的，擅自制造、销售、许诺销售线性调光芯片产品，侵犯了其专利权。XLJ 公司在起诉中已向法院主张损害赔偿，申请相关禁令，责令 JFMY 公司停止侵权，赔偿 XLJ 公司损失。

据《JFMY 公司首次公开发行股票并在科创板上市招股说明书（上会稿）》第十一节第五（一）项"公司的重大诉讼或仲裁事项"部分内容显示，截至 2019 年 7 月 11 日，JFMY 公司不存在对财务状况、经营成果、声誉、业务活动、未来前景等可能产生重大影响的诉讼或仲裁事项。科创板上市委于 2019 年

7月12日发出审议会议公告，JFMY公司上市申请本来应当是胜券在握。然而，让该公司始料未及的是，7月19日，XLJ公司以专利侵权为由将其起诉到法院。最终，上市委审议会议取消审议JFMY公司发行上市申请，这对公司而言，无疑是沉重一击。

启　示

知识产权的稳定性已成为企业在科创板上市的关键"门槛"，科创板关键核心技术和科技创新能力的核心评价指标之一就是专利权等知识产权。知识产权的重大权属纠纷和重大诉讼仲裁案件，不仅会阻碍企业在科创板上市的进程，甚至还会严重制约企业的持续稳健发展。因此，对于科创板候选企业来说，黎明前夕最是危险，上市之前应着重排查自身的知识产权纠纷漏洞与风险，避免被竞争对手利用知识产权作武器，给予自己致命一击。

4. TAL：遭遇竞争对手专利围剿

导　语

2015年年底，国务院办公厅印发《国务院关于新形势下加快知识产权强国建设的若干意见》，强调要加强重点产业知识产权的海外布局，完善海外知识产权风险预警体系和提升风险防控能力。这为中国企业开拓国际市场、捍卫创新成果提供了政策指导，也为企业建立海外知识产权风险预警机制敲响了警钟。

案 例

芳砜纶是上海纺织集团三代研发工作者耗费30年时间，自主研发的原创高性能纤维，当时这一原创在中国居于首位。它在耐高温方面甚至超过了美国化工巨头杜邦的相关产品，这项技术不仅应用领域广泛，更是我国急需的战略物资。它的"诞生"一举打破了国外行业对我国耐高温阻燃纤维的长期垄断，也填补了我国耐高温阻燃纤维领域的空白。

2006年3月，上海纺织（集团）有限公司全资注册成立上海TAL纤维有限公司（以下简称"TAL"），主要负责芳砜纶产业化项目的基本运行。次年10月，年产量1000吨的芳砜纶生产线顺利建成，进入试生产。为此，上海纺织集团与TAL围绕其制备方法申请了多项专利。

然而，TAL所做的一切还是受到杜邦商业情报系统的监视。杜邦于2007年年初提出收购TAL，但没有达到目的。让人没有想到的是，杜邦竟然运用专利布局的"利剑"开始了对TAL的围剿。

自2007年4月开始，杜邦实施专利布局计划，其范围之大、领域之广，遍布全球各地，包括纤维、纱线、织物、防护服、制备方法、绝缘纸、可印刷的耐高温纸材、复合材料和袋式过滤器等领域。2007年8月，围绕TAL的纤维产品，杜邦在美国申请了13件下游产品专利。面对这种情形，虽然TAL拥有纤维产品的专利权，不会侵犯杜邦的相关权利，但是，如果TAL的全部下游厂商使用它的纤维进行生产，就会造成侵权。

作为 TAL 的下游厂商将会放弃使用其纤维产品，转而投向杜邦的产品，这一局面严重冲击了 TAL 的海外市场。

对于杜邦围剿式的专利布局，起先 TAL 毫不知情，直到其海外贸易受阻才有所察觉。为了破除困境，TAL 痛定思痛，毅然举起专利之盾，瞄准国外公司专利布局和规划的空档，终于破解了杜邦的专利围剿，扭转了不利局面，进入新的发展阶段。从此，TAL 和杜邦只有在获得交叉授权后，才能进入对方专利领域进行生产。

启 示

近年来，大量的国内企业走向海外市场，知识产权海外预警成为企业关注的热门话题。TAL 在产品正式上市前，围绕其核心技术的制备方法申请了多项专利，但在"走出去"时依然受到阻碍，遭遇竞争对手的专利围剿，好在其积极应对，合理地进行一系列专利布局，最终化解危机。

本案例告诉我们，企业应当加强对产品的知识产权保护，在研发初期就进行专利布局和深度专利挖掘，同时要将对竞争对手和产业重点技术的专利监视作为企业常态化的工作持续进行下去，及时掌握竞争对手的动态及产业发展方向，建立海外风险预警机制。同时要善于利用知识产权开展竞争，通过对产业链上、中、下游的关键环节进行知识产权布局，充分利用知识产权的独占性和垄断权，以竞争促合作，避免受制于人，在竞争和合作中掌握主动权。

5. XJXX：上市"前夜"生纠纷

导 语

知识产权纠纷与一般的诉讼、仲裁纠纷不同之处在于知识产权纠纷是"关涉未来"的，涉及专利、商标、字号、版权等能否继续使用的问题。而且，知识产权纠纷对公司的影响极为重要，关系着公司的发展前景。从小的方面看，知识产权纠纷会延误公司的上市进程，大的方面来看，则关乎企业的存亡。而一些手握专利权的公司，则可能选择在竞争公司上市前夕出击，以获得更大的利益筹码。

案 例

2012 年 5 月 15 日，朗科科技股份有限公司（以下简称"朗科科技"）向南宁市中级人民法院递交民事起诉状，起诉 XJXX、中国农业银行、农业银行北海支行侵犯其知识产权。2015 年 6 月 25 日，朗科科技收到南宁市中级人民法院对该案作出的一审判决，被告 XJXX、中国农业银行、农业银行北海支行立即停止侵害原告朗科科技第 ZL99117225.6 号发明专利权的行为，即被告 XJXX 立即停止使用原告朗科科技第 ZL99117225.6 号发明专利方法，并立即停止制造、销售、许诺销售侵权的 ComyiKEY220 产品，被告中国农业银行、农业银行北海支行立即停止使用侵权的 ComyiKEY220 产品；被告 XJXX 赔偿原告深圳朗科科技经济损失 4000 万元。

朗科科技指控 XJXX 的 ComyiKEY 系列产品是一种供银行客户使用的 USB 接口安全秘钥，可以在用户操作网上银行时保护账户安全。中国农业银行以"K 宝"的名字将其提供给用户使用。这一产品是 XJXX 的主力产品，该产品销售额一度占公司总销售额的 41.5%。朗科科技表示，XJXX 生产的 ComyiKEY220 产品，在处理数据时使用了涉案专利所保护的快闪电子式外存储方法，产品的结构和专利所保护的装置结构相同。而这项存储方式技术，为朗科科技的核心专利技术。

朗科科技在 XJXX 上市之前提出诉讼并递送举报书，让 XJXX 招架时更为被动，从而获得更多谈判筹码。而 XJXX 当时最头疼的还是如何"稳住"投资者和证监会。最后，法院一审判定朗科科技胜诉，XJXX 为了不影响其上市进程，不得不"兜底"承担后果，付出赔偿朗科科技 4000 万元的沉重代价。

启 示

面对激烈的全球化竞争，知识产权越来越成为企业参与竞争的"护身符"。众多知名企业已将知识产权上升为获取长期竞争优势，规避市场竞争风险的一项重要战略举措。本案例中 XJXX 因缺乏知识产权意识，在企业上市前夕，被竞争对手指控专利侵权，并因此支付了巨额赔偿，最终影响了公司的上市进程。该案例告诫我们，未来企业的竞争必然是知识产权之间的竞争，知识产权已经成为科创型企业最核心的竞争力。重视知识产权，并将其贯穿于企业经营管理的各个环节，可以使企业在激烈的市场竞争浪潮中逆流而上，避免不必要的损失。

6. HZQK：亚马逊的反思

导 语

专利遵循先申请的原则，为了避免不必要的损失，企业在技术创新、产品研发过程中需要注重对创新成果的保护。有技术能力的企业，在产品创意产生的那一刻，就应开始着手完整的专利布局。否则，如果让竞争对手抢占了技术"制高点"，企业棋差一着只能让市场竞争陷入被动。

案 例

HZQK 成立于 2013 年，是一家专注平衡车产品的国内高科技公司。该公司的平衡车技术最早要追溯到 2006 年。当年浙江大学凭借智能平衡车的核心技术成功获得浙江省科技进步一等奖。而 HZQK 的一系列产品均是在这项专利技术的基础上拓展研发的，其产品也在亚马逊等平台火爆销售。

但是，2015 年 12 月中旬，HZQK 卷入一场风波：亚马逊公司在美国强制下架了包括 HZQK 在内的大量平衡车产品。有业内人士认为，这场下架风波的背后，其实是不同平衡车阵营之间的专利纷争。

此次下架的导火索源于一位美籍华人向亚马逊提交了一项平衡车的专利投诉。凭借着两个轮子和一张草图的初步设想，

2013 年 2 月 11 日他在美国申请了专利，经过公示后于 2014 年 5 月 27 日获得授权。他投诉 HZQK 的原因在于他认为 HZQK 和其他平衡车厂商侵犯了他的此项专利权。

从时间上看，这位美籍华人的专利于 2014 年 5 月 27 日获得授权，而 HZQK 于 2014 年 6 月才开始进行专利申请，正是由于 HZQK 公司比这位美籍华人正式取得授权的时间晚，才导致产品在亚马逊下架的结局。

那么，HZQK 是否真的存在侵犯这位美籍华人专利权的嫌疑呢？此处还无法下定论。但是可以确定的是，他萌生开发两轮平衡车的想法时，HZQK 技术团队已经开始申请两轮平衡车专利（但是非 HZQK 产品）；他在寻找工厂制作样品的时候，HZQK 已经有了产品原型。尽管如此，他在提出"用电池驱动两个轮子"这个概念后，只画了一个草图，在专利方案还未正式敲定前，就通过美国临时专利抢先进行了创意保护，而 HZQK 尽管产品都已定型，但在专利申请方面落后一拍，知识产权保护棋差一着，最终导致了这场专利风波。

启 示

案例中这位美籍华人"专利先行，产品后发"的策略取得了平衡车的基础专利，抢占了市场先机，相反 HZQK 却陷入被动。本案例对于我国企业具有以下启示。

一是"时间在先，权利在先"，这是专利法中的先申请原则。专利竞争实质上是一场时间的竞赛，时间是衡量专利法律效力的重要指标。因此，企业的专利申请越早，在市场上的话语权就越强。

二是重视基础专利的布局。新技术和新产品的诞生初期是布局一批基础专利的最佳时期。基础专利是专利中的"核武器",具有强大的威慑性,竞争对手难以绕过,拥有基础专利会在竞争中占据主动地位。

三是要避免"产品先行、专利后发"的误区。申请专利只要发明者具有一定的新颖性、创造性和实用性的技术方案即可,不一定要制造出现实的产品。有了好的技术方案就可以及时地申请专利,赢得市场竞争的先机。

二、重视知识产权才会行稳致远

7. 小米:打造知识产权盔甲,稳固海外市场[1]

导 语

小米科技有限责任公司(以下简称"小米")成立于2010年,2018年7月在香港证券交易所主板挂牌上市,是一家以手机、智能硬件和 IoT 平台为核心的互联网公司。在快速赢取市场的同时,小米高度重视知识产权,无论是国际化初始在印度与国际品牌就专利过招,还是在欧美市场与非专利实施主体(NPE)斗智斗勇,抑或是上市之前从国内同行的"围追堵截"

---

[1] 陈景秋,许月. 未雨绸缪管控风险,从容应对化解纠纷 [EB/OL].(2020 - 01 - 06)[2020 - 09 - 15]. http://iprchn.com/cipnews/news_content.aspx? newsId = 120559.

中成功解围，小米都有惊无险地完成了专利战。

案 例

重视知识产权，提升品牌价值

很多科技型初创企业认为，在创立之初的首要任务是"活下来"，一般都会把知识产权保护放在不太重要的位置。然而，初创企业往往自带创新属性，因此在成立初期就要重视知识产权、做好专利布局，提升企业的核心竞争力。

在小米的发展战略中，知识产权的保护和管理是极其重要的组成部分。一方面，完善的专利布局有利于在市场竞争中以强劲的技术竞争力阻击对手，同时巩固自身在行业内的市场地位；另一方面，周密、细致的专利布局可以减少产品在生产经营过程中遭遇各类侵权和不当得利事件，有助于保障和扩大产品投放后的市场份额，从而成为生产经营的坚实后盾。

建立知识产权管理机制，高效运转团队

近年来，小米的国际化发展迅猛，同时也面临许多知识产权的潜在风险。2016 年，小米在国内外与对手为抢占市场竞争正酣，全球化商业风险和一系列海外知识产权挑战扑面而来，而小米仅有不足 10 人的知识产权团队来应对各种知识产权风险。

凭借在知识产权领域的积累，小米很快就理顺工作思路，并找到突破口。公司法务部门制定一系列应对专利诉讼的举措：对内，首先要做足功课寻找相关证据，了解涉诉专利的所有情况；对外，按照对方提起专利诉讼的目的是否正当区分对待。根据这些应对策略，小米法务团队互相配合，有效地应对各种专利纠纷，有力地维护了公司的合法权益。

这些成绩的取得一方面得益于公司建立起了成熟的知识产权管理机制，另一方面则得益于小米背后有一支强大的专业的知识产权团队支撑。目前，小米拥有一支超过150人的法务和知识产权团队，采用"中心管控"、向海外分部派驻总部人员、海外分部部分招聘本地员工的模式。

专利护航，开拓全球市场

随着企业不断发展，小米"走出去"的步伐也越来越大。走出国门后，面临的知识产权风险大大增加。为应对这种情况，小米一方面加强专利收购与开放创新，与高通、微软、诺基亚等多家国际知名技术企业达成了专利许可协议或交叉许可协议，另一方面更加积极地加强自身专利的海外布局。截至2018年年底，小米在全球范围的专利储备包括1万余件专利和1.6万余件正在受理的专利申请，在海外获得的专利约占小米专利总量的50%。

在专利的护航下，小米的手机业务一路高歌猛进。2017年年底，小米开始谋求港股上市。然而，小米的上市并非一帆风顺。随着招股说明书的披露，小米在上市过程中连续遭遇多起专利诉讼。为了应对相关专利诉讼，小米法务团队一方面进行专利检索，分析自己的产品是否落入对方的专利保护范围，另一方面派出相关人员到全球主要市场收集证据，以便于对相关专利提起无效宣告请求。得益于法务团队提前准备的预案，上市前小米从容应对专利诉讼，最终成功在香港敲锣上市。

初心不改，方得始终。小米持续在技术研发上发力，专注于原理发现或核心关键技术的突破创新。未来，小米将继续围绕创新技术优化知识产权全球布局与技术开发合作水平，加强重点产业知识产权海外布局和风险管控，以知识产权软实力推动集团国际影响力和竞争力的进一步提升。

启　示

　　像小米这样依靠商业模式创新抢占市场的企业，在经营过程中建议补上知识产权一课，否则市场的繁荣将只是昙花一现，最终在专利权人的不断狙击下难堪重负。好在小米在吸取教训后迅速重视专利申请和布局，及时稳固了海外市场。

　　对有志向海外进军的企业来说，专利权的海外布局和预警工作都应被视作其海外战略的重要组成部分。一是建立一支专业的知识产权团队，提前做好海外专利布局和预警，以应对各种可能的专利纠纷。二是合理地选择海外发展的目标市场国，提前通过知识产权信息分析等手段，动态地开展知识产权风险预警工作，做好相应的知识产权风险防控预案。三是重视专利等知识产权的储备，切实做到"市场未动，专利先行"，主动在目标市场国做好知识产权布局，提升海外知识产权风险防控能力。如此，企业才能在国际化步伐中渡过知识产权的"生死劫"。

8. 宇通客车：构建知识产权保护网，筑牢企业创新基石[①]

导　语

　　郑州宇通客车股份有限公司（以下简称"宇通客车"）是

---

　　① 李倩. 宇通客车：创新在路上　逐梦再前行［N］. 中国知识产权报，2018 - 04 - 04.

一家集客车产品研发、制造与销售为一体的大型现代化制造企业，其业务分布在中国、法国、俄罗斯等多个国家。宇通客车2018 年获得影响中国客车行业改革开放 40 周年"品牌成就奖"，2019 年与华为、阿里巴巴、中国移动、腾讯、格力等共同被授予"新中国成立 70 周年 70 品牌"荣誉。多年来，宇通客车一直坚持科技创新研发，积极开展专利布局，是其赖以生存的"法宝"。

案 例

宇通客车是可以用"数字说话"的行业领军者。2017 年，销售客车 6.8 万辆，继续保持全国领先，其中，新能源客车销售 2.5 万辆，校车销售 8914 辆。斐然的成绩单背后，宇通客车靠的是始终坚持创新，构建全方位知识产权保护体系。

宇通客车是进军新能源汽车领域较早的企业之一，其核心技术专利"混合动力客车用集成式电机控制及充电装置"攻克了新能源客车的电磁兼容性差、高压防护难度大等多项行业难题，大幅提高了新能源客车高压安全性、功率密度和电磁兼容性能。围绕该专利的相关技术，宇通客车又提交了 20 余件专利申请，形成专利组合，有效巩固了宇通客车在节能与新能源汽车产业的领先地位。截至 2017 年年底，宇通客车在新能源汽车领域提交的专利申请已超过 1000 件。

2003 年年初，国内大中型后置旅游客车市场需求旺盛，竞争激烈，诸多客车生产企业纷纷瞄准这一领域加大投入，提高产品竞争力。宇通客车研发团队在充分研究行业信息、详细调研国外优秀的客车造型和轿车造型的基础上，不断寻找设计灵感，创造性地将"笑脸"融入客车外观设计之中，改变了我国国产客车在外形上缺乏独特风格的局面。该专利产品一经上市，广受好评。2012年，宇通客车获得中国外观设计专利金奖。

2014~2018年，在创新驱动发展理念的推动下，宇通客车的专利申请量年均增速超过40%，专利授权量年均增速达21%，其中，发明专利申请量年均增速达72.2%。稳步增长的专利申请量和授权量，体现了宇通客车持续的创新能力和研发实力，树立了良好的创新型企业形象。

随着海外市场的拓展，宇通客车还积极开展知识产权海外布局，为产品参与国际市场竞争保驾护航，实现了从产品输出到技术、标准输出的跨越。2017年，宇通客车与缅甸一家公司签下提供500辆新能源客车的"大单"。缅甸多山地，热带气候，路况极其复杂。宇通客车在成熟产品的基础上，有针对性地进行技术改进。比如，改进水箱散热器的位置、布局；改进内饰和操作面板面料，提高耐热性能；增加底盘高度，适应复杂路况等。对于这些技术改进，宇通客车也将其纳入海外专利布局中。虽然宇通客车对这些技术在国内都提交了专利申请，但知识产权无小事，宇通客车每进入一个国家，都要请专门的知识产权服务机构进行专利信息检索和比对，以排除潜在的专利风险。宇通客车对知识产权保护的重视程度可见一斑。

近年来，借着"一带一路"建设的东风，宇通客车与越来越多的国家开展深度合作，企业国际化进程逐渐加快。与此同时，宇通客车在海外专利布局及风险防范方面的工作也在逐步推进。前期宇通客车已通过PCT途径提交了30余件国际专利申请，下一步，宇通客车将继续探索海外产品的风险点筛选原则和控制方法，为其走向海外保驾护航。

启 示

宇通客车有着明确的企业发展定位和目标，非常重视技术创新与知识产权保护，通过专利布局与挖掘，结合时间、地域、技术、产品等多个因素，形成核心技术专利保护网，并将专利与品牌等知识产权组合运用，形成企业品牌。从该案例来看，无论取得行业领先地位还是占领市场，长远的知识产权战略和坚实的知识产权布局是企业创新发展的强大动力和基本保障。

9. Twitter：重视专利收购，扩大市场自由度

导 语

2014 年 3 月，推特（Twitter）提交给美国证券交易委员会（SEC）的文件显示，公司以 3600 万美元从 IBM 收购了 900 项专利，共拥有 956 项专利。此外，推特还向美国专利与商标局提交了大约 100 项专利申请。推特在提交给 SEC 的文件中称，"我们当前深陷多起知识产权诉讼，随着市场竞争的激烈，以及公司知名度的提升，我们预计将来还会遭到其他的专利和知识产权诉讼"。

案 例

推特创立于 2006 年，是一家美国社交网络及微博客服务的

网站，也是全球互联网访问量最大的十个网站之一。2013 年 11 月 7 日晚，推特股票在纽约证券交易所挂牌，根据 2019 年 9 月的数据显示，其市值接近 400 亿美元。

2013 年年底，推特在 IPO 前遭到 IBM 起诉，被指侵犯 IBM 至少 3 项专利。推特从 IBM 手中收购 900 项专利的协议是于 2013 年 12 月达成的，该协议的达成，不仅增强了推特对专利诉讼的抵御能力，同时也解决了两家公司之前的专利纠纷。

其实，早在 2013 年 10 月，在准备 IPO 之前，推特仅拥有 9 项专利，这让投资者感到存在风险，因此其 IPO 融资额度也受到了不利影响。

推特拥有的专利权数量如此之少，是因为该公司一贯坚持让工程师和设计师成为专利权的拥有者，公司放弃对专利的所有权和控制权。2013 年 5 月，针对科技巨头在互联网领域日益增多的专利诉讼，推特开始实施《创新者专利协议》，旨在确保技术和设计人员能够维持对自有知识产权的控制权。该协议规定，推特在没有得到发明者许可情况下不得把相应专利用于"攻击性的法律诉讼"。

上述策略虽然让推特避免过多陷入专利争端，降低了专利诉讼成本，增强了对优秀员工的吸引力，但同时也给公司带来了巨大的风险。推特专利资产薄弱可能会成为其他公司的专利靶子，缺乏一定数量的专利储备也无疑会阻碍其对专利诉讼的防卫，甚至无法针对专利诉讼进行反诉。当公司达到一定规模后，就会成为各种合理和不合理的专利侵权诉讼的目标。而事实上，随着推特不断推出新功能和月度活跃用户数快速增长，该公司面临的专利纠纷也的确在增多。推特在申请 IPO 的过程中遭遇的专利诉讼，让其重新审视获得专利资产的重要性。

推特的法务总监在一份声明中表示："收购 IBM 的专利和

签署专利交叉许可协议，为我们提供了更强大的知识产权保护，让我们在服务创新的时候不用畏首畏尾，拥有更大的市场自由度。"

启　示

本案例给我们带来的启示有以下几点。

一是在企业经营中，专利壁垒、专利陷阱和专利诉讼无处不在，互联网服务企业也需要专利技术支撑，做好专利布局和专利储备，以应对潜在的知识产权风险。

二是企业不仅要持续创新获得竞争优势，还需要学会用知识产权武器保护创新成果，避免创新价值流失，减少诉讼风险。

三是企业通过外部收购和签署许可协议，积累丰厚的专利资产，不仅能够增强自身对专利诉讼的抵御能力，还能使各大企业在市场运营方面拥有更大的自由度。

10. 宜昌猕猴桃：重视地理标志，助力脱贫致富❶

导　语

向家寨原本是宜昌五峰县一个贫困的村寨，本地盛产优质

---

❶ 赵俊翔. "新春走基层·扶贫攻坚一线见闻"专栏 | 山村里长出"金疙瘩"［EB/OL］.（2020－01－17）［2020－09－15］. http：//www.iprchn.com/cipnews/news_content.aspx？newsId＝120766.

猕猴桃，但长期售价低且销售难，使得村民捧着个"金疙瘩"艰难度日。自从获得"宜昌猕猴桃"地理标志产品的授权后，向家寨巧妙地加以运营，优质的猕猴桃终于赢得了属于这份品质的"好市场，好价位"，稳稳地托起了向家寨乡亲的致富梦。

案 例

　　向某是五峰思搏猕猴桃专业合作社（以下简称"合作社"）的理事长，合作社共有 128 户社员，其中 45 户是贫困户，如何为社员谋一条致富路，是压在他心里的一块大石头。20 世纪 90 年代，向某带领村民们种植猕猴桃，用竹篓背出山外卖掉，再用卖猕猴桃的钱买水泥，背回山中，修起了寨子里第一条硬化路。

　　向家寨具有极大的昼夜温差，再加上独特的土壤和水质环境，使这里孕育出的猕猴桃爽滑多汁、香气浓郁，一口咬下去，口齿生香。通过对向家寨采集的土壤样本进行检测分析发现，这里的土壤酸碱性、含盐度等指标适中，十分适合优质猕猴桃的生长。2019 年，合作社正式获得了"宜昌猕猴桃"地理标志产品使用授权。为进一步提升向家寨猕猴桃的质量，合作社请来了湖北三峡职业技术学院的农业专家，向社员传授猕猴桃种植养护经验。在专家的指导下，向家寨猕猴桃的品质更上一层楼。

　　品质提升了，如何卖个好价钱？"地标扶贫"成为向家寨猕猴桃的发展方向。

　　2019 年 5 月，中共北京市社会服务领域基金会第三联合委员会、品知家商城、全国绿色农业基地联合将"平谷鲜桃"的营销模式引入向家寨，以"宜昌猕猴桃"地理标志为依托，吸引消费者的投资，帮助农户解决种植所需资金和相关技术。通过"认养一棵猕猴桃树，助力一方发展"活动，让消费者与农户直接达成合作，分享果园种植成果。消费者通过网上下单领养猕猴桃树，农户通过认养订单进行猕猴桃种植，等果实成熟后，农户将猕猴桃直接快递给消费者，既让农户提前获得了种植收入，降低了农户风险，又减少了中间环节，让消费者得到了低价实惠。

为进一步提升猕猴桃的品牌价值，向家寨还结合自身独特的土家族文化和猕猴桃元素，设计了猕猴桃商标与包装，在知识产权助力下，向家寨猕猴桃的价值更上一层楼。依托于对"宜昌猕猴桃"地理标志产品的有效开发和维护，合作社获得大丰收之后，所得收益除了维持合作社运营外全部发放给了社员，仅支付打工人员工资就达到了 20 万余元，45 户贫困人口全部实现脱贫目标。

启　示

地理标志作为知识产权的一种，是标示某商品来源于某地区，该商品的特定质量、信誉或者其他特征，主要由该地区的自然因素或者人文因素所决定的标志。区别于传统知识产权，地理标志具有集体性和共有性等特点，不允许个人独自注册，注册后可以永续存在，在我国注册后出口到任何一个国家或地区，都具有保护的效力。

"宜昌猕猴桃"地理标志结合品牌的整体运营和营销，使知识产权成功变现，带动了权利人——向家寨脱贫致富，也为宜昌农产品推广打造了一张新名片。该案例充分证明了地理标志对于农业扶贫、推动区域经济发展的巨大潜力。

作为特色农产品行业企业，重视地理标志培育，并结合商标、相关标准、专利等全面保护，通过适当的营销方式实现地理标志的高质量运用和知识产权保护，才可能使企业行稳致远。

11. 成一制药：专利发力，赢得市场竞争❶

导　语

作为我国西南地区著名的医药企业，成都第一药业集团有限公司（以下简称"成一制药"）曾在国内首次研制成功硫酸阿托品，缓解了我国对进口药物的依赖，也曾凭借自主创新，研发出莨菪烷类生物碱等原创药物，夺得国家发明二等奖等重要奖项。然而，在后来的企业改制中，成一制药却出现了部分药品文号丢失、专利管理停滞等混乱现象，企业品牌也随之衰落。那么，濒于破产的老国企如何充分利用知识产权，走向科技型药企转型之路？

案　例

寻找昔日创新辉煌

成一制药是一家曾经辉煌的老牌医药劲旅，其核心战略品

---

❶ 姚文平. 成一制药：直面知识产权之"痛" ［EB/OL］.（2018－11－21）［2020－09－15］. http：//www.iprchn.com/cipnews/news＿content.aspx？newsId＝112255.

种莨菪烷类生物碱是我国继青蒿素后自主研发的又一重要原创药品。该项目汇集了一批国内著名药物专家，在世界上首次分离制备得到氢溴酸樟柳碱、氢溴酸山莨菪碱。此项成果在1978年的全国科学大会上获得表彰，并在1982年获得国家发明二等奖等重大奖项，其中基于氢溴酸山莨菪碱研究提出的"修氏理论"更是享誉国际医学界。

在成一制药的发展史上，有过许多独家的发明与创造。例如，20世纪50年代，解放军入藏部队会使用中草药山莨菪来治疗肠胃绞痛等常见疾病，成一制药受此启发并进行研发，让莨菪系列药物成为当家品种，并在国内首先研发出了硫酸阿托品，缓解了依赖进口药物的局面，这在当时是非常了不起的成就。此外，成一制药还有拥有自主知识产权的益母草注射液等中药制剂，这也是其在医药市场打天下的拳头产品。

然而，就是这样一个拥有资源、人才、产品优势的西南医药巨人，在20世纪90年代初的企业改制中出现混乱，迷失了方向，不仅一些重要药品的文号下落不明，品牌也日渐衰落。成一制药一度跌落谷底，错失了医药企业腾飞的宝贵机遇期，导致企业内部产生各种矛盾阻碍，外部生产销售也处于停滞状态。

核心药物品种之一的樟柳碱，在2002年用地方批准文号换发国家文号时，批准文号文件居然被不小心遗失，专利、技术等管理更是百废待兴。面对眼前的混乱局面，成一制药董事长——着手治理，仅为文号的事情就与有关部门多次汇报沟通，最终让核心药品的文号回归企业。

专利发力市场竞争

成一制药用了10年时间，在企业核心药物的布局上持续发力，确定"公司＋科研＋基地＋农户"的发展模式，先后与成都中医药大学、中国科学院西北高原植物研究所等科研院所开展药材规模化种植的产学研合作，随后确立了"以莨菪、益母草等天然植物药为特色，打造微循环和妇产科专科领域领先品牌和领导品牌"的战略目标。

作为一家现代化科技型药企的掌门人，成一制药董事长深知知识产权对于企业的意义和价值。2018 年，企业已经围绕核心产品樟柳碱的关键技术进行了精心的专利布局。与此同时，还与专业的专利代理公司合作，对莨菪类生物碱原料药进行全球专利检索，为产品出口海外市场做好准备。

当前，成一制药已有多项科研成果诞生，特别是拥有自主知识产权的益母草和莨菪系列药品，其科研、技术水平在国内领先。在传承成一优良传统的基础上，成一制药准确把握医药政策导向，销售业绩快速提升，益母草注射液连续 7 年在妇产科中成药用药中稳居行业前列，并进入了 2017 版国家医保目录。不仅如此，成一制药研究开发的氢溴酸樟柳碱注射液在致残致死率极高的缺血性脑卒中、脑损伤疾病领域，氢溴酸山莨菪碱（654－1）注射液在急抢救、危重症等治疗方面也已发挥出重要的临床价值，并表现出良好的市场前景。

启 示

成一制药作为曾经的西南医药巨人，因为企业改制中出现的专利管理混乱等现象，导致企业品牌随之衰落。知识产权管理的缺失和不完善也是现阶段我国很多企业存在的问题，致使一些知识产权的管理和保护等方面的具体事务不能得到及时处理，从而给企业带来巨大的经济损失。

成一制药直面自己的不足，用近十年的时间在企业核心药物的布局上持续发力，推出了拥有自主知识产权的系列药品，从而带动销售业绩快速提升，重拾了昔日创新辉煌。

成一制药的经验表明，自主创新和知识产权创造、管理和运用是企业发展的动力之源，加强新技术的研发、新产品的开发，全面保护和管理应用好自主知识产权，才能促进企业长远发展。

12. 乐高集团：重视商标保护，做大无形资产❶

导语

乐高"LEGO"来源于丹麦语"LEg – GOdt"，意思是"玩得快乐"。如今，乐高已成为中国儿童和家长耳熟能详且十分喜爱的品牌。对于乐高集团来说，乐高商标就是最重要的无形资产。一直以来，乐高集团以让儿童享受安全、高品质、有创意的乐高玩乐体验为重中之重，并通过寓教于乐的形式培养消费者和公众的商标意识，以多种方式开展商标保护，捍卫自身合法权益，确保消费者能获得真正的乐高玩乐体验。

案例

乐高"LEGO"这一商标的使用是从 1932 年开始的，通过

---

❶ 裴宏，李思靓. 乐高集团：商标是重要的无形资产［EB/OL］.（2019 – 02 – 18）［2020 – 09 – 15］. http://www.iprchn.com/cipnews/news_content.aspx? newsId = 113769.

提供安全、高品质、有创意的玩具产品，培养和启迪未来建设者正是乐高集团的使命所在。乐高商标首先是公司的名称，也是产品的商标，它能够使企业产品区别于市场上其他同类产品，让消费者真正体验到乐高的乐趣。

寓教于乐培养商标意识

商标是乐高集团最重要的无形资产，作为企业的无价之宝，乐高集团特别重视商标的保护，在所有的法律维权支出中商标保护永远是最高的。在商标保护方面乐高集团采取预防与维权双管齐下的模式。

在《乐高品牌框架》的指导下，乐高采用"内外结合"的预防措施，引导乐高集团的员工及合作伙伴正确、合理地使用乐高商标及乐高集团的其他知识产权。在公司内部，对员工进行培训，包括如何正确、规范地使用乐高商标，以及在市场上遇到一些商标侵权现象时，第一时间通过内部的沟通和汇报机制通知法律团队进行研判，并进一步采取必要的法律措施。在公司外部，乐高集团近年来一直在做商标宣传和保护项目，对消费者和公众进行商标知识的宣传，借助多种形式来向他们解释什么是商标、为什么商标如此重要、尊重和保护知识产权的重要性，让社会公众形成知识产权保护的认知。

对消费者来说，强大的商标是产品值得信赖的标识，如今乐高集团在中国已成为家喻户晓的品牌，除了产品品质过硬，也离不开商标品牌的打造与保护。乐高集团在中国市场是近几年才开始拓展的，对于中国的小朋友来说，父母一代小时候没有很多机会接触到乐高产品，在品牌建立和品牌宣传上乐高集团考虑到了这一点，采用因地制宜的品牌战略让更多的消费者来了解乐高品牌和乐高集团，忠实培养小朋友认知和创新能力的教育理念。

多措并举开展商标保护

一个品牌在市场上具有一定的知名度，并越来越受消费者欢迎的同时，也应预防品牌被抄袭或者被侵权的风险。当企业品牌受到侵犯时，乐高集团积极进行产品维权和保护。乐高集团商标团队在日常工作中有一部分工作是关于商标申请与使用的监控，工作人员经常会收到大量对于商标申请监控的报告，这些商标与乐高商标非常相近，但是刻意淡化了乐高品牌，搭商业"便车"。如果这些商标通过注册，那么在公众视野当中将会产生误导和混淆。

一些厂商的商标是在"乐高"前面或后面增加一个汉字，在商标初审时比较容易通过，但一旦成功注册，厂商会在前面加一些文字或者一些变相地使用来形成一定的混淆；还有的厂商在产品标识上"下功夫"，如乐高产品的红色标识非常具有辨识度，一些厂商也会使用红色产品标识或近似的文字，与乐高产品标识进行混淆。

2018年11月，乐高集团收到广州市越秀区人民法院对四家生产和销售积木的公司作出的判决，法院认定这四家公司侵犯了乐高集团的多项著作权并实施了不正当竞争行为。法院判决被告立即停止生产、销售、展览或以任何方式推销侵权产品的行为并赔偿乐高集团各项损失450万元。这是乐高集团在中国赢得的其中一个针对仿冒品的知识产权诉讼。

商标的保护是一个充满挑战、历时漫长并且代价高昂的过程。即便如此，乐高集团也从未放弃，因为乐高标识体现了乐高集团致力于为一代又一代未来建设者、创作者和梦想家带来卓越的创意以及有趣的拼搭体验的承诺。乐高集团坚持商标保护的步伐永远不会停止。

启 示

商标是商品质量的载体，商标是无形资产的积累，商标有着谜一样的价值，它是市场中的通行证，是资产中的重头戏，是消费者眼中的识别码，是员工的荣誉，是企业融资的中转站，是品牌纠纷的守护盾。

乐高集团在前期培养消费者和公众的商标意识，后期又采取措施进行产品的维权和保护，建立了良好的商品信誉，引导消费者认牌购物或消费，使商标充分发挥了其标识作用，从而让商标成为乐高集团知名度的保证。

在创新驱动发展战略大背景下，乐高集团不断通过商标保护和品牌保护，稳固品牌特征，发展其知名度，从而实现了企业更长远的发展。乐高集团的成功为企业的商标运营提供了很好的研究案例。

13. 金风科技：重视高价值专利培育，将知识产权融入企业基因[1]

导 语

作为国内风电设备领域的龙头企业，金风科技股份有限公

---

[1] 刘叶婷. 重视专利质量是我们的基因［EB/OL］. (2018 – 04 – 04)［2020 – 09 – 15］. http：//www. iprchn. com/cipnews/news_content. aspx？ newsId = 107128.

司（以下简称"金风科技"）近年来发展势头迅猛。成立至今，其在全球设立7大研发中心，承担国家重点科研项目近30项，有2.85万台风电组在全球6大洲、近20个国家稳定运行，全球风电装机容量超过44吉瓦。随着公司规模的不断发展壮大，建立起与公司市场地位相匹配的高价值专利布局成了其重点关注的议题，对金风科技而言，知识产权不仅是展现公司自身研发实力的凭证，还是走出国门、开展国际合作的"敲门砖"，重视高价值专利培育已经融入金风科技的企业基因。

案 例

近年来，金风科技在专利数量和专利质量上实现了显著提升，截至2018年，金风科技已提交专利申请约2850件，包括发明专利申请约1550件，其中已有约1500件获得授权。此外，金风科技还通过《专利合作条约》《保护工业产权巴黎公约》等在全球提交了近300件国际专利申请。

在高水平创造的基础上，技术交底书的撰写、专利申请文件的撰写、审查意见的答复等方面都达到高质量，才能产生一件高价值专利。技术交底书是发明创造的文字转化。发明人需要把技术创新内容用文字完整清楚地描述出来形成技术交底书。考虑到对发明人而言，撰写出一份高质量的技术交底书往往存在一定难度，因此，企业专利工程师会在与发明人充分沟通的基础上，辅助发明人撰写技术交底书。另外，金风科技还专门开发了一个服务发明人撰写技术交底书的知识产权管理平台，发明人在该平台上可以进行语音转文字、视频录入、上传设计图等，以提高发明人的撰写效率，让他们用自己擅长的方式来描述技术内容，而且发明人、企业专利工程师与代理人的所有沟通过程均被记录在系统中，交底、沟通过程可视化，便于进行案件全周期管理。

企业专利工程师是连接发明人与专利代理人的桥梁，与发明人相比，更懂专利知识，与代理人相比，更了解产业技术。一方面，专利工程师在拿到一份技术交底书后，需要细致分解创新要素，开展全面的专利检索，判断技术的创新性，以发现更多的技术创新点，并与发明人进行积极沟通和实时反馈。另一方面，企业专利工程师需要与代理人完成权利要求布局方面的意见交换，基本划定专利申请的合理保护范围后，代理人才能着手撰写专利申请文件。

金风科技在专利申请文件撰写方面已经设立了一个明确的及时沟通机制，即技术交底书发送到合作代理机构后，代理人必须在 5 天内与发明人进行技术沟通，代理人完全吃透技术方案后，才能与企业专利工程师进行下一步交流。为了对代理人的撰写质量形成审核把控，金风科技设立了对应的审核机制。在与新代理机构、新代理人合作时，金风科技会给出 3 个领域的技术方案让其进行试写，经评审合格后才能达成合作。在已达成合作的代理机构、代理人中，金风科技也加强了质量评价审核，针对每一件专利申请，都要形成质量评价报告；在每季度，公司的知识产权团队都要与代理人团队进行质量沟通会议，及时反馈在合作过程中遇到的问题；在每年度，还会对代理机构、代理人的服务质量进行评价打分，以此作为是否继续与其合作的依据。为了对其服务质量进行全面评价，金风科技制定了打分制评价细则，对于得分在 60 分以下的代理机构、代理人，公司将中断与其合作关系。这些审核机制有效地帮助金风科技识别出服务质量较高的代理机构和代理人，及时发现、改进质量问题，加强与代理机构、代理人的互动交流。此外，除了加强审核，金风科技还尤其注重与代理机构的共同进步，通过对代理人、发明人进行交互式培训来有效促进专利申请质量的提升。

对高价值专利申请的重视和耕耘，让金风科技尝到了"甜头"，其以 12 件发明专利和 13 件实用新型专利作价 3000 万元入股，与北京建工集团成立合资公司，合作推进混凝土塔架的产业化应用。此外，还依托在智能微网领域的严密专利保护，让竞争对手只能选择向其寻求专利合作。

随着企业研发投入的不断加大，创新能力的不断提升，金风科技的员工人数从 2000 余人增长至 8000 余人，技术研发人员从 200 余人增长至 2000 余人，企业净利润由 2 亿多元增长至 30 亿元以上，技术研发投入达十多亿元。今后，企业将朝着"智能金风，科技金风"的目标，持续提升创新能力，加强高价值专利布局，在国际市场稳步前行。

启 示

高价值专利的产生离不开高水平的创造、高质量的申请和高效率的审查，各个环节相互支撑，缺一不可。因此，在提交专利申请时，企业在各个环节中如何作为直接决定了专利价值的高低。一件高价值的专利申请究竟是如何炼成的？金风科技的做法也许可以为其他企业提供借鉴。金风科技的做法是构建了一套行之有效的专利质量管理体系，对发明人、企业专利工程师、专利代理人在每个环节都进行了明确的权责分工，在流程化、系统化作业的基础上保障专利申请质量。

14. 中国中车：重视知识产权，稳步驶出国门●

导　语

中国中车股份有限公司（以下简称"中国中车"）的轨道交通产品目前已经远销全球六大洲的 102 个国家和地区，尤其是被称为"国家名片"的高铁也已在诸多国家投入使用。中国中车经整合成立后，围绕"转型升级、跨国经营"的国际化战略，进行了一系列的知识产权变革，确定了国际化的专利战略，加快了"走出去"的步伐。中国中车这个代表着我国科技力量和创新形象的"列车"正在全球市场稳步行驶，其战略目标是成为一家受人尊敬的国际化公司，而知识产权就是助力该目标实现的有效手段。

案　例

知识产权优势铺就上市坦途

2015 年，备受资本市场关注的事件之一莫过于中国中车的上市。当年 6 月，经国家有关部门批准后，中国北车股份有限公司和中国南车股份有限公司按照对等原则合并组建成立了中

● 裴宏，刘叶婷. 中国中车：专利添能　驶出国门 [EB/OL]. (2017 – 07 – 27) [2020 – 09 – 15]. http：//www. iprchn. com/cipnews/news_content. aspx？ newsId = 101499.

国中车，并在上海证券交易所和香港联交所成功上市。中国中车受到了资本市场的热烈追捧，在股票市场一路高歌猛进，其市值甚至一度达到美国波音和法国空客的总和。

对上市公司而言，专利是展现企业技术实力和创新能力的重要指标之一，备受投资者关注。在中国中车的上市过程中，专利可谓功不可没。在上市前的资本评估过程中，知识产权状况评估是一项重要内容。为此，中国中车联合第三方机构进行了评估工作，主要围绕知识产权运用、近5年的专利增长、海外知识产权风险等情况进行了详细调查，并获得了优良的评级结果。较强的专利实力展现了中国中车的自主创新能力，有效增强了投资者的信心。

随着公司的发展，中国中车已经储备了较为雄厚的专利资产。截至2017年6月，中国中车累计提交专利申请约3.2万件，包括发明专利申请约1.38万件、实用新型专利申请约1.64万件、外观设计专利申请1234件，其中有2.15余万件专利申请获得授权。在2016年中国专利技术开发公司发布的《中国企业专利奖排行榜》中，中国中车以荣获38件奖项位列全国第二。目前，中国中车正在实施"总量适度、质量提高、国际布局"的专利申请策略，以实现专利数量与质量共同发展。

国际化的专利战略，助力开拓国际市场

2017年7月，中国中车的企业规模位居世界第一，年销售额超过庞巴迪、西门子和阿尔斯通三大跨国竞争对手的总和。在开拓海外市场的过程中，专利发挥了重要的作用。2017年5月，中国中车获得美国费城不锈钢双层列车的订单。为了做好该项目，中国中车早在2015年年底就开始针对相关技术进行专利检索分析，同时积极开展专利布局，2016年在中国和美国共提交了13件相关专利申请。正是这种尊重知识产权、重视专利保护的做法，让中国中车赢得了美国客户的认可，成功拿下了美国费城的项目。

为了支撑国际化的发展战略，中国中车在专利布局方面也作出具体规划，如加大提交国外专利申请的力度，要求国外专利申请占到专利申请总量的10%，并确立了提交国外专利申请先于国外市场开拓的布局方式。中国中车在进行国外专利布局时会综合考虑目标市场、国际同行等多种因素，不会拘泥于现有的市场和格局，而是着眼于长远，适当先于市场。2016年，中国中车共提交国外专利申请303件，比2015年翻了一番。截至2017年，中国中车已提交国外专利申请1213件，覆盖美国、欧洲、日本、澳大利亚、新西兰、南非、俄罗斯等国家和地区。

启 示

近年来，中国中车围绕"创新驱动发展"战略，持续完善技术创新体系，实现了高速动车组牵引控制系统、制动系统、永磁电传动系统等一系列核心技术的突破，技术水平居世界前列。国际化是中国中车的发展目标，而成功出海的关键要素之一无疑是对知识产权的重视。

中国中车对知识产权工作的重视主要体现在四个方面：一是研发人员的专利保护意识由被动变为主动；二是知识产权人员的工作任务从简单变为复杂；三是专利申请从追求数量转变为追求质量；四是从注重国内专利申请转变到注重全球专利布局。上述做法为其他企业提升"走出去"的知识产权竞争力提供了宝贵的经验。

第三章　财富基石

——知识产权的创造

一、创新是开启财富之门的"金钥匙"

15. 斗鱼：知识产权促创新，开启财富之门[1]

导 语

武汉斗鱼网络科技有限公司（以下简称"斗鱼"）成立于2014年，是一家弹幕式直播分享网站，以游戏直播为主，目前已涵盖体育、综艺、娱乐等多种直播内容。截至2016年12月，斗鱼的注册用户超过1亿，日活量超过2000万，在直播行业中处于领先地位。在2016CPCC十大中国著作权人颁奖典礼上，斗鱼荣获"十大中国著作权人"奖，系湖北省5年来唯一入选企业。2019年，斗鱼在美国纳斯达克交易所上市。斗鱼能够获得快速发展，离不开知识产权创新与保护。

案 例

创新直播内容

作为直播行业的佼佼者，斗鱼在内容创新上进行了探索。

---

[1] 侯伟. 斗鱼：知识产权促创新 开启全民直播时代 [EB/OL]. (2017 – 03 – 14) [2020 – 09 – 15]. http：//www.iprchn.com/index_newscontent.aspx? newsid = 98699.

斗鱼首先是挖掘拥有号召力的电竞明星和拥有稳定粉丝量的优质主播，生产优质内容以满足用户的多元需求。其次，斗鱼还鼓励用户积极参与生产内容。比如，斗鱼已开启录制功能，允许用户对直播内容进行录制、编辑并上传，以期通过录制、点播激活存量用户，保证平台活跃度。同时，斗鱼还与腾讯公司等就内容版权方面进行深度合作，共同打造精品内容。

此外，斗鱼还推出了多种"直播＋"功能，通过丰富直播的内容，更有效地拓展及留存用户。比如，斗鱼加速与旅游产业的融合，联合"去哪儿网"推出旅游直播，多名当红主播走到户外，通过直播的方式带网友体验异域风情，实现了旅游类平台流量变现的新模式。斗鱼还与米未传媒有限公司合作打造了全网首档直播综艺节目《饭局的诱惑》，首创"直播＋综艺"的新模式。斗鱼在尝试与公益、教育、体育、科技、电商等领域的融合方面，都取得了不错的成绩。

斗鱼希望为用户提供最丰富的直播内容，开启全民直播时代。目前多元化的内容覆盖，使得斗鱼直播的用户黏性非常高，而坚持挖掘优秀人才和加强内容创新，更让斗鱼在直播市场竞争中保持领先优势。

保护创新成果

借助内容创新，斗鱼获得了大量的流量和用户，取得了显著的经济效益。为保护创新成果，斗鱼坚持多措并举加强知识产权体系建设。斗鱼成立了以公司 CEO、法务副总裁为负责人的知识产权领导小组，在公司内部相继制定了多项知识产权管理制度及知识产权指导文件。在管理体系方面，公司成立了法务部，并配备了 12 名知识产权专员，他们大多毕业于国内法律专业排名靠前的知名院校，主要负责知识产权的挖掘、申报、管理及侵权纠纷等事务。

另外，斗鱼还根据公司知识产权战略设立专项经费奖励员工。公司每年都会拿出近500万元奖励员工。2017年为了鼓励员工，公司举办了"知识产权奖励快到碗里来"的活动，在原有的激励制度上进一步增加奖励金额，缩短奖励发放时间，将公司全员参与知识产权工作的热度推上了新台阶。

在维权方面，以版权为例，对于斗鱼购买版权的赛事及视频，斗鱼会发布官方公告要求其他直播平台不得未经授权传播。一旦发现侵权行为，斗鱼会发函通知侵权方停止侵权。同时，斗鱼也注重加强自律，防范知识产权风险。斗鱼还非常重视专利预警工作，目前已引入多家专业知识产权机构提供专利分析、专利预警方面的指导和建议，跟踪行业技术发展动态与专利技术分布，尽可能规避侵权风险。

作为直播行业的领头羊，为保护平台在境外的品牌权益，斗鱼已经把"走出去"战略提上日程，先后在欧美、东南亚、我国港澳台等地区布局商标数百件。截至2017年年底，斗鱼已登记20多项软件著作权，提交了700多件专利申请，注册商标近500件，基本完成了商标品牌的海外布局。

启 示

斗鱼在直播领域能够建立竞争优势，除了网红带来的流量因素之外，注重技术创新和知识产权布局更是其取得成功的关键因素。斗鱼在直播平台领域知识产权数量与质量上的绝对优势是作为创新型企业技术优势的直接体现，在融资上收获颇丰，有了核心专利的支撑，极大增强了投资人的信心，使企业能顺利获得巨额融资，开启财富之门，而创新带来的专利储备，无疑就是那枚"金钥匙"。知识产权既是企业巨大的财富，也能促进企业创新，斗鱼作为独角兽企业，无论是重视程度、保护意识、管理机制与体系都堪称行业典范，利用专利利器"高筑墙、广积粮"，保持行业领先地位，一路踏歌而行，持续跃升，使财富之门向其一路敞开。

16. 摩拜单车：重视技术创新，创造共享经济奇迹●

导　语

从 2016 年 4 月 22 日，第一批摩拜单车现身上海街头，随后全国各大城市掀起了"橙色"风暴，共享单车成为大多数人日常出行的优选方式。作为全球智能共享单车的首创者和领导者，摩拜单车已遍布全球 19 个国家的 200 多个城市，拥有超过 2 亿用户。北京摩拜科技有限公司（以下简称"摩拜"）被美国财富杂志评为"正在改变世界的 50 家企业"之一，还荣获了联合国在环保领域的最高奖——地球卫士。

案　例

持续创新　提升用户体验

从成立之初，摩拜就一直围绕提升用户体验和运营效率进

● 裴宏，刘叶婷. 摩拜：科技创新，让城市生活更美好 ［EB/OL］. （2018 - 08 - 29） ［2020 - 09 - 15］. http：//www. iprchn. com/cipnews/news _ content. aspx? newsId = 110374.

行了大量技术创新和产品迭代。摩拜单车不仅是一辆车，还是一个运转在城市里的机器人。每辆单车都配备了移动物联网芯片，后台可以实时监控到每辆车的位置、健康情况、骑行状况等。也正是这种饱含科技元素的智能单车带来的骑行体验，让共享单车迅速被大众接受，成为街头巷尾的独特风景。至2018年，摩拜已经形成以"硬件（单车、智能锁）＋软件（App）＋大数据平台"为核心的创新模式。

在硬件层面，摩拜的创新主要聚焦在单车设计和智能锁方面。在单车车型设计上，第一代摩拜单车就彻底颠覆了传统自行车的设计，采用了全铝车身、防爆轮胎、无链条轴传动等设计。随后，摩拜单车陆续推出了轻骑版 lite、代号"风轻扬"的经典升级版、新轻骑和新轻骑变速版以及摩拜助力车等不同车型，不仅车身显著变轻、骑行体验越来越好，而且保持了其一贯的坚固耐用的品质。在智能锁方面，摩拜首创了扫码开锁模式，不仅解决了传统有桩式公共自行车需要办卡的问题，还解决了单车定位和精准计费等共享单车运营模式中的痛点。而摩拜后续还不断改进智能锁锁具结构，使锁具在开锁稳定性、流畅度等方面大幅提升。

在软件方面，摩拜单车的 App 进行了多个版本的升级改造，从只能扫码解锁到预约车辆、设置红包车、规范停车行为等，App 的功能逐步完善，进一步提升了用户体验。在大数据平台建设上，摩拜依托庞大的用户人数，结合物联网技术建立了一个智能调度平台，助力车辆的智能运营。

专利保护　保持行业领先

与公司蓬勃发展相对应的是摩拜在专利领域的厚积薄发。带着专利创业是摩拜的写照，由于公司创始团队对专利的重视，摩拜在公司成立之初就着手进行专利布局，为单车业务的成功运营提供了有力保障。截至 2018 年 6 月，摩拜共提交了国内外专利申请 457 件，其中已有 201 件获得授权。"骑行让城市生活更美好"是摩拜的企业愿景，持续的技术研发与创新是让这一愿景实现的必要条件，而专利保护就是让骑行之路更平稳更长远的重要保障。

对摩拜而言，专利不仅是保护和促进公司创新的重要工具，还是公司参与行业竞争的关键筹码。虽然摩拜仅成立 4 年多时间，但知识产权业务却如成熟企业一般丰富。从系统性的专利战略构建，到专利申请、专利诉讼、FTO 分析、专利许可交易等具体业务，摩拜都有涉猎，并有专人负责。在摩拜已形成了重视创新和专利的文化氛围。首先，专利是保护创新、保障公司业务安全运营的基础，需要适当的专利布局来形成有效的防御；其次，专利还是保持行业领先、维护公司市场领先地位的重要工具，需要产生尽可能多的具有运营价值的专利，形成专利壁垒并促进专利资产价值的实现。

在该理念的指引下，摩拜的知识产权工作正在有序开展。基于研发项目多、工作执行节奏快等特点，为了保持对公司技术研发的实时跟进，摩拜的专利顾问需要与技术研发人员保持同步，深入到研发一线进行办公开展专利挖掘，并同研发人员一起研究竞争对手可能模仿的方案，从而将公司技术转化为高质量的专利布局。

在技术研发上不断革新，并积极加强知识产权保护，为摩拜在共享单车行业的领跑地位打下坚实的基础。随着公司的不断发展壮大，摩拜将继续运用知识产权这一有效工具，保护自身创新成果，对行业中盲目跟风的技术抄袭行为进行实时监控和适时打击，以维护市场竞争秩序，助力共享单车行业的健康可持续发展。

启 示

在众多共享单车品牌中，摩拜单车能够脱颖而出，主要得益于技术创新和专利布局，赢得资本青睐。摩拜单车根据用户的使用需求和体验感受，聚焦重点领域，找准技术创新的方向，在车架、智能锁、外观设计等方面进行研发设计，加大研发投入，积累了丰富的创新成果。然后，及时在管理系统、传动系统、电机刹车系统、防盗系统等方面均进行专利布局，实现了知识产权的有效保护。摩拜单车的技术创新和有效专利布局，提高了产品的市场竞争力，在众多的单车品牌中脱颖而出，进而得到资本的助力，撬开了财富之门，推动企业走上发展的快车道。

17. 二月风：推动技术创新，葛根新产品"停不下来"

导 语

随州市二月风食品有限公司（以下简称"二月风"）成立于1997年，前身是诞生于清同治元年的"赵家葛坊"。公司法人家族有上百年葛根加工的历史，是中国葛根产业奠基人。然而，社会和时代在发展，企业仅依靠原有的产品和技术不可能跟得上市场的脚步。技术创新是企业持续发展的动力，企业通过技术创新不仅可以提高产品质量，而且能拓宽产品的种类，而专利是保障创新成果的有效手段，两者相结合才能为企业发展保驾护航，促进企业的发展壮大。

案 例

2011 年，二月风以公司法人代表为申请人申报的发明专利"葛根肺叶茶"获得授权。2013 年，"葛根肺叶茶"专利权转移至公司名下，二月风不仅将"葛根肺叶茶"专利转化生产，并在该项技术基础上进行技术创新，克服新的技术难点，成功完成了新产品"神农葛茶"的研制工作，为企业实现创收 1000万元。

尝到创新带来的甜头后，二月风便一举投入创新研发的热潮中。2011～2013 年，二月风先后投入 150 万元的研发费用，完成"多菌种耦合发酵葛根酱关键技术及应用""高活性速溶葛根粉关键技术及应用"的研发工作。2013 年 7 月，这两项成果通过湖北省科技厅鉴定，已达到国际领先水平。在此期间，"葛根丁""葛根黄酒"·等品牌产品均已申报专利并获得发明专利证书。

在技术创新的道路上，二月风没有止步，并将创新方向转向中老年保健产品。针对中老年人身体素质差、免疫力低、容易患病的情况，二月风最大限度地发挥葛根的优势，开发出一款能够提高人体免疫力的葛根产品。公司技术团队研究发现，L-硒-甲基硒代半胱氨酸是一种新型硒源类的食品营养强化剂，其具备有机硒安全性的特点，消除了化学硒（如亚硒酸钠）对人体的毒副反应和肠胃刺激。同时具有结构明确、含量稳定、人体内代谢机制清晰等优点，从而使硒能够更高效、更安全地被人体吸收利用。而香菇柄含有丰富的香菇多糖（LNT），是一种宿主免疫调节剂，研发团队结合葛根、L-硒-

甲基硒代半胱氨酸和香菇柄的优点，研发出富硒葛根香菇饼干，于 2014 年 2 月申报国家发明专利，并于 2016 年 1 月获得发明专利证书。该产品一经推出即获得广泛好评，为二月风带来可观的经济效益。

正是基于持续的创新与知识产权保护，作为传统生产企业的二月风，沐浴着技术创新的春风，在激烈的市场浪潮中屹立潮头、发展壮大。

启　示

有两类公司十分重视知识产权工作：一类是吃过苦头的，经历过知识产权纠纷的公司；另一类是尝过甜头的，通过知识产权获益的公司。无疑，二月风就是尝过甜头而重视知识产权的典范。

本案例给传统企业带来以下启示：一是创新是企业实现利润最大化的不二法宝。传统行业的企业唯有在传统工艺的基础上实现技术创新，才能改善工艺，推陈出新，增加产品附加值，同时提高产品的售价，进一步增强企业的核心竞争力、扩大市场占有率。二是创新成果专利化是实现创新收益的法律保障。及时申请专利，赋予技术成果法律的垄断权，便能有效保护企业的合法权益，为企业开拓市场，成为行业龙头企业铺平道路。同时通过专利技术的转化运用，企业获得了可观的效益，并且为专利创新"停不下来"奠定了基础。打铁还需自身硬，高度重视知识产权，坚持技术创新才是传统行业企业突破行业局限，不断转型升级的"王道"。

18. 优必选：核心技术引领发展，知识产权再添助力❶

导　语

深圳市优必选科技有限公司（以下简称"优必选"）成立于2012年，是一家集人工智能和人形机器人研发、平台软件开发运用及产品销售为一体的全球性高科技创新企业。凭借技术创新和专利布局，优必选受到了资本市场的青睐。2013年，优必选获得了2000万元的天使轮融资；2018年，获得了8.2亿美元的C轮融资。短短几年内，优必选的市值上涨数百倍，估值高达50亿美元，成为全球估值最高的AI企业之一。

案　例

苦练内功，核心技术引领发展

人形机器人有两大核心技术：一是硬件，即伺服舵机；二是软件，即运动控制算法。此前，伺服舵机的核心技术一直被日本、韩国、瑞士等国垄断，核心部件主要依赖进口，采购成本居高不下，直接导致最终产品成本过高，这也是限制国内人

---

❶ 裴宏. 优必选：用创新基因驱动机器人行稳致远 [EB/OL]. (2018 - 08 - 22) [2020 - 09 - 15]. http://www.iprchn.com/Index_NewsContent.aspx? NewsId = 110204.

形机器人产业发展的关键因素。面对这一困境，早在 2008 年，优必选创始团队在公司尚未正式成立之时，就开始着手于伺服舵机的自主研发工作。功夫不负有心人，2013 年创始团队在耗资数千万元，经过反复测试和优化之后，终于研发出性能参数及稳定性方面不逊于国外进口部件，并且性价比更具优势的伺服舵机，使国产人形机器人的量产成为可能。

在研发接近成功之时，优必选创始团队着手于创立公司。2012 年，优必选公司正式成立，开始基于自主研发的伺服舵机技术开发人形机器人产品。同时，优必选在深圳开设工厂，自建生产线，伺服舵机的月产量达到 60 万~100 万个。大规模量产进一步降低了成本。到 2018 年，优必选自行研发和生产的伺服舵机的成本只有市场价的几十分之一。优必选自主研发的技术和自有生产线，能够保证核心部件价廉质优，从而加速了人形机器人产品走向消费市场的商业化进程。不仅如此，优必选还着眼全球市场，开展线上线下多渠道营销。近年来，优必选的市场表现不俗，产品已进入北美、欧洲、东南亚等近 40 个国家和地区，不仅在全球开设了约 7000 家销售门店，还与苹果公司达成合作，旗下的机器人产品已进驻全球近 500 家苹果零售店。

持续创新，知识产权再添助力

持续创新是推动企业发展的动力源，优必选每年将 45% 左右的营业收入用于研发投入，研发人员占比达到 40% 以上。为了进一步增强技术创新能力，优必选还与清华大学、华中科技大学、悉尼大学等国内外知名高校建立合作关系，并与腾讯、苹果、亚马逊、迪士尼等企业强强联手，内修苦功，外寻合作，积极探索。

在人形机器人领域，美国、日本等国家无疑拥有绝对的技术优势。然而，优必选不畏困境，终于攻克技术难关，掌握了自主知识产权。

创新基因驱动下的优必选，高度重视知识产权保护，既是为了保护自主创新成果，也是为了构筑技术壁垒，保持行业竞争优势。早在 2011 年，创始团队就开始陆续提交专利申请。2013 年之后，优必选的专利申请量更是呈现出逐年快速增长的态势。经过几年的摸索，优必选的知识产权部门逐渐建立起一套适合行业特点和公司特色的知识产权管理制度，全面负责专利、商标、版权、商业秘密保护等相关工作的开展，从专利挖掘、方案评估、信息检索、专利分析到动态管理，有计划地开展专利申请和专利布局。

在欧美等知识产权强保护地区参与市场竞争过程中，专利护航至关重要。优必选针对美国、欧洲、日本、韩国等主要市场覆盖区域进行策略性的专利布局，针对伺服舵机等核心技术进行高密度的重点专利布局。例如，围绕舵机结构中的传动、离合、输出轴、减速器等结构以及舵机控制中的角度位置检测、零点控制及舵机输出控制等技术点，先后提交了 200 余件专利申请。截至 2019 年 11 月 30 日，优必选在全球范围内的有效专利申请达到 1500 余件，已授权专利约 500件，其中发明专利约 100 件。此外，累计登记软件著作权 100余件。

优必选围绕核心技术，持续布局高价值专利，为公司在未来的"AI + 机器人"时代提升行业竞争力打基础。专利资产是技术实力和创新能力的有力证明，其对于公司顺利完成多轮融资、公司估值不断攀升也发挥了极为重要的作用。

启 示

优必选通过技术创新与专利保护成为人形机器人领域的领跑者，其基本发展历程给国内企业提供了极大的借鉴意义，可以概括为"三步曲"：第一步是加强自主研发，经过反复的测试和优化，逐步攻克技术难关，成功突破多项关键技术。第二步是高度重视创新成果的知识产权保护，从专利挖掘、方案评估、信息检索、专利分析到动态管理，有计划地开展专利申请和专利布局。第三步是保持持续创新的能力，通过与知名高校建立合作关系、与世界 500 强大型企业强强联手，合作开发、互利共赢，不断提升创新能力，增强自身在国际市场上的竞争力。

19. 奇瑞公司：知识产权创造，助力车企驶上"高速路"❶

导 语

"赢者通吃"——经济学家通常用其形容标准之争。当今世界，谁把握住了标准，往往就把握住了产业，就把握住了市场竞争主动权。奇瑞汽车股份有限公司（以下简称

---

❶ 冯飞. 尹同跃：技术创新助力车企驶上"高速路"［EB/OL］.（2020－05－29）［2020－09－15］. http：//www. iprchn. com/cipnews/news _ content. aspx？ newsId = 123084.

"奇瑞公司") 正是因为专注于汽车行业知识产权的创造，才把握住核心技术的产业标准，从而向全球化品牌之路迈进。

案 例

研发就是"挖井"，只有越挖越深，才能挖出新技术。近年来，奇瑞公司致力于在关键技术领域加大知识产权的创造力度。奇瑞公司在巩固动力总成、整车平台等传统技术领域优势的前提下，不断在新能源、智能化、网联化等新技术领域加大研发投入力度，并取得多项突破。

在新能源技术领域，奇瑞公司已建立起包括整车集成、核心技术和核心零部件开发能力在内的新能源技术研发体系，在新能源领域提交了 1000 余件专利申请，其中 600 余件获得授权；在自动驾驶技术领域，奇瑞公司推出了自动驾驶技术平台"雄狮智驾"，致力于打造人、车、路协同的智慧交通生态圈，目前 L2＋级自动驾驶车型已实现量产，2020 年将实现 L3 级高度自动驾驶功能。

有创新才有竞争力，而研发具有自主知识产权的操作系统是提升我国汽车产业安全和市场竞争力的重要因素。当前，全球汽车产业正在经历以"电动化、智能化、网联化、共享化"为特征的"新四化"技术革命和行业变革。随着新一代能源技术、信息通信技术、人工智能技术、大数据技术等与汽车加速融合，智能网联汽车正在成为全球技术变革和科技创新的竞争制高点。而智能网联汽车操作系统作为基础共性技术，则是支撑汽车"新四化"技术革命，保障国家信息网络安全，解决国家"卡脖子"重大战略问题的核心关键。

在此背景下，我国企业研发自主可控的操作系统，显得尤为重要。奇瑞公司不断加大对前沿技术与前瞻科技等方面的布局和技术储备及其产业化应用的投入，并利用外部资源互补合作，建立开放的创新体系，助力我国汽车产业驶上快速发展的"高速路"。

启　示

三流企业做产品，二流企业做品牌，一流企业做标准。中国汽车企业要想成为全球化品牌，应破解欧美等发达国家汽车产业发达国家的技术壁垒和严苛的汽车标准法规，针对全球，尤其是对欧美发达国家汽车标准体系与共性技术壁垒进行研究，建立中国汽车的技术新标准。

奇瑞公司通过创新掌握技术标准，也就意味着开启了财富之门。其创新成功的秘诀包括三个方面，可以为其他企业提供经验。一是研发体系，奇瑞公司已建成汽车工程研究和研发院，形成从整车、动力总成、关键零部件开发到试制、试验较为完整的产品研发体系；二是产学研合作，奇瑞始终坚持以自身为主的联合开发模式，积极与国内外一流的研发机构合作；三是研发投入，奇瑞公司每年投入巨额研发经费，主要用于整车、发动机、变速箱、关键零部件、新材料、制造技术及前沿技术等研究开发。

二、高价值专利是高质量发展的"动力之源"

20. 同方威视：高价值专利打造安检的第一道"防线"❶

导 语

　　2019 年 3 月，在澳大利亚悉尼海关，一批来自新加坡的集装箱正在接受检查，这批申报为电烤箱的货物经安检设备检查后显示有异常，执法人员核查发现实际货物中包含 11 个商用冰箱，其中 7 个冰箱中藏匿了 585 千克冰毒，这是澳大利亚新南威尔士州于 2019 年查获的最大一起毒品走私案。与上述案例相似的情形在英国、土耳其、白俄罗斯、立陶宛等诸多国家时有发生。是什么让这些国家的海关执法人员变得如此"火眼金睛"？这与同方威视技术股份有限公司（以下简称"同方威视"）提供的先进的安检产品密不可分。

---

　　❶ 冯飞. 同方威视：创新是安检的第一道"防线"［EB/OL］.（2019 - 06 - 15）［2020 - 09 - 15］. http：//www. iprchn. com/Index_NewsContent. aspx？NewsId = 116638.

案 例

持续创新助推关键核心技术攻关

被誉为清华产业"掌上明珠"的同方威视,与清华大学有着深厚的渊源。20世纪90年代,随着我国国际贸易的快速发展,利用集装箱走私的活动越来越猖獗,我国亟待攻克对集装箱进行不开箱快速检查的技术难题。在此背景下,清华大学承担了"八五"科技攻关项目——大型集装箱检查系统的科技成果转化任务。1997年,以该项目科研团队为基础,清华同方核技术公司(同方威视前身)应运而生。经过20余年的发展,同方威视逐渐成为全球领先的安检产品和安全解决方案供应商。

同方威视的创新离不开公司实施的5个"五年规划"。在同方威视"一五规划"期间,研发出具有自主知识产权的安检设备是公司的首要任务。经过一年的技术攻关,同方威视研发制造的大型集装箱检查系统成功向我国海关供货,开始在国家打击走私的活动中发挥重要作用。在"二五规划"期间,公司开始拓展海外市场。客户对安检产品的需求越来越多,同方威视在研发大型集装箱安检设备的同时,开始研究中小型安检设备,主要应用于民航、铁路、轨道交通等领域。"三五规划"期间的主要变化是安检技术更趋综合化,在此期间,同方威视开始应用痕量检测技术和毫米波成像技术,安检技术开始由单一化向多元化拓展。由产品供应商向安全解决方案供应商转变,是同方威视在"四五规划"期间的重大变化。在此期间,同方威视成立了系统方案事业部,不仅为客户提供安检产品,还提供安全解决方案。如何将安检技术与人工智能相结合,使安检设备更加智能化是同方威视在"五五规划"期间的重要任务。

同方威视成功研发了全球首个跨国海关查验数据共享与互联平台系统，融合了大数据、云平台、数据对接等多项技术，实现多个国家、多个部门之间的数据互联互通。

如今，正在实施第五个"五年规划"的同方威视，已研发出 30 多个系列、300 多个品种的具有领先技术和市场竞争力的安全检查产品。产品在全球安检市场的总体占有率达到14.5%，位居全球第三。

高价值专利布局助力企业向全球进军

无论是安检技术的更新迭代，抑或安检产品的推陈出新，其背后都离不开知识产权的助力。同方威视之所以能成为高科技企业，与公司对创新和知识产权的重视密不可分。为保持创新能力，同方威视研发人员的占比一直在50%以上，每年的研发投入在10%以上。据统计，同方威视已在全球范围内提交了4000余件专利申请，其中国外专利申请有2000余件。截至2019年6月，同方威视共拥有2300余件国内专利，其中包括1700多件发明专利。17年的时间，同方威视产品出口到欧洲、澳洲、南美洲等全球160多个国家和地区，实现海外销售收入200亿元。

值得一提的是，在专利布局的过程中，同方威视非常注重高价值专利培育。开展专利布局的目的是保护公司的合法权益，不论是在国内市场还是海外市场，知识产权布局都是同方威视极为重视的一项工作。在同方威视看来，高价值专利应具有三个要素：一是专利技术含量高，同方威视在专利布局过程中不会一味追求数量，而是注重提升质量；二是专利权的稳定性要好，不能被竞争对手轻易无效掉；三是专利能为公司带来较好的经济效益。

正是得益于对专利质量的重视，同方威视获得了众多荣誉，比如，3 次获得中国专利金奖，5 次获得中国专利优秀奖，1 次获得北京市发明专利奖特等奖，2 次获得北京市发明专利奖一等奖。

启 示

同方威视通往财富之门的技术创新之路可以概括为"三步走"，而公司实施的专利战略则是保障"三步走"的关键因素。

第一步是探索"带土移植"的成果转化模式，满足国家重大需求。20 世纪八九十年代，在我国亟待攻克对集装箱进行快速检查的技术难题的背景下，同方威视制造的大型集装箱检查系统成功装备到我国海关，为国家打击走私活动提供了有力的技术保障。

第二步是瞄准市场需求，持续推进技术创新，成功突破多项关键技术。以集装箱检查技术为例，同方威视不但研制了固定式大型集装箱检查系统，而且研发了在中小型口岸使用的车载移动式集装箱检查系统；根据市场需求，又成功研发了多种类型的大型集装箱检查系统，包括世界上第一套司机不用下车的快检系统、第一套整编列车检查系统、第一套具有物质分辨能力的双能检查系统等。

第三步是同方威视重视的技术融合发展。通过融合大数据、云平台、数据对接等多项技术，成功研发了全球首个跨国海关查验数据共享与互联平台系统，实现多个国家、多个部门的统一实施查验。这一系列工作标志着同方威视的安检产品正在步入人工智能、机器人、物联网与安检技术深入融合的技术创新时代。

21. 恒大高新：高价值专利组合打造绿水青山的一枝独"秀"❶

导　语

专利与垃圾焚烧结合，能为环保带来哪些变化？江西恒大高新技术股份有限公司（以下简称"恒大高新"）针对垃圾焚烧锅炉、生物质锅炉、冶金行业余热锅炉水冷壁等有耐腐蚀要求的领域进行了一系列的技术创新和工艺研发，形成了一批拥有自主知识产权的前沿技术，成为发展循环经济、保护生态环境、打造绿水青山的一枝独"秀"。

案　例

恒大高新创立于 1993 年，经过 27 年的发展，已经成为国内集综合性工业设备防磨抗蚀新材料研发、生产、销售及技术工程服务为一体的龙头企业。自创立以来，恒大高新一直围绕公司核心领域大力发展具有自主知识产权的核心技术和产品，并积极进行高价值知识产权的布局与成果转化。2019 年，恒大高新被国家知识产权局评为国家知识产权示范企业。

---

❶ 李铎. 用创新打造绿水青山的一枝独"秀"［EB/OL］.（2020 - 08 - 17）［2020 - 09 - 15］. http：//www. cipnews. com. cn/cipnews/news＿content. aspx？newsId = 124329.

瞄准市场，积极布局高价值知识产权

近年来，随着国家环保要求趋严，垃圾处理成本提升，垃圾焚烧企业纷纷提高锅炉运行参数以满足环保要求。但是锅炉运行参数的改变导致垃圾发电锅炉受热面高温腐蚀现象愈加突出，泄漏爆管事故频发，解决垃圾炉受热面的高温腐蚀问题迫在眉睫。垃圾焚烧炉的耐磨和抗腐蚀是一个比较细分的领域，也一直是国内外相关行业技术角逐的关键领域，其耐磨和抗腐蚀性能的高低直接关系整个焚烧过程的效率。随着垃圾焚烧发电行业的发展，在垃圾焚烧炉工艺和材料选择上，传统的熔化极活性气体保护焊、熔化极气体保护焊由于热输入量高，造成锅炉管变形大、基材损伤严重，且稀释率高，堆焊层抗腐蚀能力较差，因而极大地限制了其应用领域。

在此背景下，恒大高新加强创新研发，积极进行技术攻关。2009年，恒大高新开始瞄准焚烧炉保护内壁性能领域，先后联合南昌大学、南昌航空大学、江西省科学院物理研究所等研究机构进行技术研发和攻关。

最终，恒大高新在锅炉过热器和锅炉水冷壁系统研发上取得了突破，率先在国内推广和发展膜式壁堆焊技术，在垃圾焚烧炉高温防腐领域实现了从喷涂到堆焊的技术升级，并及时进行专利布局。截至2020年5月底，恒大高新围绕垃圾焚烧相关技术获得授权专利75件，其中发明专利24件，注册商标142件，通过马德里体系注册商标3件，累计获得计算机软件著作权72件。

注重应用，着力转化高价值专利成果

科技研发的最终目标就是将研发成果应用到实际生产，不能转化的科技成果是没有生命力的。恒大高新十分重视高价值专利成果的实施和转化，公司以满足实际工业应用为目标，积极进行转移转化，极大地提高了防腐效率和焚烧锅炉的性能。

恒大高新将其拥有的一种垃圾焚烧炉专用药芯电弧喷涂丝材等耐磨抗腐蚀专利应用于因科镍 625（Inconel625）镍基材料，通过在锅炉受热面上堆焊一层甚至多层镍基材料，提升膜式壁使用寿命。与传统的焊接设备相比，在达到相同焊接工艺的要求下，可以减少约 40% 的热量输出，最大限度减少对基体的损伤。

凭借高价值专利成果的转化，恒大高新成为国内少数几家掌握垃圾焚烧炉防护技术并有能力进行大规模施工的企业之一，形成防磨抗蚀新材料、工业设备特种防护及表面工程技术专利群，相关专利实施转化率达 90% 以上，产业化规模不断扩大，专利产品销售额占企业总销售额的 70% 左右，垃圾焚烧炉相关设备系统年订单总额持续增长。

高价值专利的组合布局以及持续的高价值专利成果转化，是企业不断发展壮大的制胜法宝。恒大高新依靠技术创新起家，始终秉承"没有创新就没有发展"的企业经营理念。未来，恒大高新在研发推广新兴技术的同时将更加重视知识产权保护工作，以知识产权赢得市场竞争优势，为发展循环经济和保护生态环境保驾护航。

启 示

创造知识产权意味着奠定财富的基石，而高价值专利正是企业实现高质量发展的法宝。恒大高新之所以能够成为国家知识产权示范企业，正是凭借其高价值专利成果的转化成为国内综合性工业设备防磨抗蚀新材料研发、生产、销售及技术工程服务的龙头企业。

恒大高新通过高价值专利实现高质量发展的经验主要有两

个方面。

一是以国家政策和市场需求为导向，有针对性地研发防磨抗蚀产业急需的高质量专利。该企业拥有的众多高质量专利中，荣获中国专利优秀奖 2 项，省科技进步奖 3 项，市科技进步奖 5 项。在防磨抗蚀领域，该公司 2007 年率先攻克并推广应用机器人自动化喷涂在线作业的世界性难题。2011 年公司针对垃圾焚烧锅炉、生物质锅炉、冶金行业余热锅炉水冷壁等有耐腐蚀功能要求的前沿领域进行了技术和工艺方面的研究开发。2015 年自主研发创新并推广应用的炉内智能熔敷技术。

二是建设产学研合作平台，专利技术引领行业标准。恒大高新依托设立的国内首家"防磨抗蚀博士后科研流动站"、江西省耐磨抗蚀材料制造技术工程研究中心、防磨抗蚀研发部，针对用户个性化需求和瞄准自身领域前沿技术，开展与科研院所合作，搭建支持产品创新、技术创新平台。正是因为拥有通过科研平台开发的高质量专利，该企业在 2012 年制定发布国家标准 GB/T 29037—2012《热喷涂抗高温腐蚀和氧化的保护涂层》，2013 年制定发布机械行业标准 JB/T 11615—2013《锅炉炉管电弧喷涂技术规范》，2016 年制定发布电力行业标 DL/T 1595—2016《循环流化床锅炉受热面防磨喷涂技术规范》。

22. 科普达：挖掘失效专利宝藏培植企业根基

导　语

一项创新技术的研发成本相对高昂，但如果利用国内外无效、失效的专利，在研发过程中吸取他人专利的优良之处并加以改进，从而完善自身创新技术，这样的方法可使公司在自主研发或技术创新中少走弯路，且大大降低研发成本。湖北科普达实业有限公司（以下简称"科普达"）2011 年公司销售收入破亿，2015 年销售收入达 4.7 亿元，与 2008 年公司成立时的年销售收入 650 万元相比，增长 70 多倍。科普达是如何在短短几年的时间内实现连续跨越式发展的呢？答案就是高度重视创新发展与产学研合作，善于利用专利检索工具与失效专利数据库，变废为宝，为企业技术创新节约了大量研发费用和时间。

案 例

高度重视知识产权创新

科普达是一家集自主研发、生产、销售于一体的高新技术企业，致力于解决高分子材料领域一些最棘手的问题，公司已通过 ISO 9001 质量体系认证，其产品主要面向国内外电线电缆行业，且均通过国家权威机构的检测，产品各项性能指标均优于国家和行业标准。科普达在成立初期就高度重视知识产权，转变用人观念，创新用人机制，大力引进创新人才。富有创新意识的高层管理团队和高素质的员工队伍为科普达产品的高品质以及企业的创新能力奠定了坚实的基础。截至 2019 年 5 月，科普达已申请专利 22 项，其中发明专利申请 17 项，授权 5 项，已经具有较强的线缆材料自主研发能力。

开展产学研合作

在独立研发的同时，科普达还非常重视技术交流，与相关院校、科研院所展开产学研合作，共同开发出行业领先的新材料。例如，2010 年科普达与上海电缆研究所开展技术咨询、委托检测等技术合作；同时与武汉理工大学开展合作，组建产学研合作体系，以项目为载体，先后研究开发出彩色抗 UV 聚乙烯电缆料、低烟无卤阻燃聚烯烃电缆料、尼龙、TPU 弹性体及抗电痕专用等新型电缆料；还于 2013 年 7 月与华南理工大学聚合物新型成型装备国家工程研究中心合作，共建科普达公司"高分子新材料及改性加工技术中心"和院士专家工作站。在校企合作的过程中，科普达形成了以企业为主体、市场为导向、产学研相融合的知识产权创造运用体系。为了进一步扩大企业研发能力，科普达不断加大研发投入，建成了 2600 平方米的科技研发楼，并购进高分子材料检测、试验设备用于产品研发。

充分利用专利检索工具，使得失效专利重获新生

8 年时间，产值增长 70 多倍，除了扎实的科研能力和经营管理能力外，科普达还善于用"巧劲"。在知识产权创造过程中，科普达设立专员专班，一方面充分利用专利检索工具，通过对知识产权信息的分析利用，及时了解所属领域的知识产权法律状况，避免侵犯他人的在先权利，另一方面充分利用国内外无效、失效专利来完善自身创新技术，使公司在自主研发创新技术时少走弯路。❶ 该公司核心技术"热塑性聚氨酯弹性特种护套料"专利的诞生就是受益于专利信息的检索及收集。当时，市面上普通电缆、光缆的外护套是由聚乙烯加炭黑改性制成，硬度较低、柔性较差，不能满足如海底电缆、勘探、船用、野战光缆等在特殊环境下使用的耐磨性、耐油性、耐卷曲性等要求。确定研发方向后，科普达大量收集资料后发现，国外有一项类似的已经失效的成熟专利技术。于是，他们在这项技术

---

❶ 林燕. LY 铝业有限公司产品创新策略研究［D］. 桂林：广西师范大学，2016.

的基础之上，简单作了改进完善后，转化为自有的核心技术，并申请了专利保护。此举大大降低了研发成本，缩短了专利转化的时间，使企业利益最大化。"热塑性聚氨酯弹性特种护套料"只是其中的一项专利产品，对类似这样的成熟、失效专利技术进行改进利用，变成新的专利，使该公司产品的利润多出20%以上。

在具备创新能力后，科普达不断强化知识产权运用，积极申报省、市、县各级知识产权试点示范企业，成立专门的知识产权部门，配备专职人员，列支专项经费，大力开展知识产权工作，经过一番努力之后，科普达成功获批"湖北省知识产权示范建设企业"。

科普达正是利用知识产权技术扩散性的特点，运用专利信息的时效性，使得他人失效专利可以为己所用，使研发人员在从事科研时避免重复选题，少走弯路，减少无效劳动，快速提升企业的研发层次和水平，为公司持续快速发展夯实根基。过期无效专利技术的公开，使科普达可以站在"巨人的肩膀上"，有效配置科技资源，提高技术创新的起点。

启 示

人们普遍存在认识上的误区，认为失效专利既然已经失效，就没有什么使用价值。科普达的发展告诉我们，专利的失效与市场的消失并不能画等号，失效专利实际上是一种极其重要的信息资源，也是企业技术研发提质增效的"法宝"，对其合理利用可以加快企业技术爬坡的速度，带来巨大的技术财富。

企业在感叹自己技术创新能力不足时，不妨利用好失效专利库，站在"巨人的肩膀上"进行创新，不失为高质量专利创造的捷径。具体而言，企业如何利用失效专利呢？首先，建立动态跟踪的专利文献检索机制，利用好专利信息分析工具，全面检索分析，发现失效且有价值的专利；其次，大胆在失效专利的基础上进行技术开发，"变废为宝"，可以大大缩短研发周期和节约研发成本；最后，充分利用专利保护地域性的特点，在国外专利（未在中国申请专利）的基础上进行模仿创新或二次创新，实现"曲线救国"。

23. 旷视科技："点面结合"的高价值专利布局为企业拔得头筹[1]

导　语

北京旷视科技有限公司（以下简称"旷视科技"）成立于2011年，是一家专注于机器视觉和人工智能领域的科技公司，也是世界上最早的一批研发深度学习技术、发展人脸识别产品的人工智能企业，其在人脸识别、文字识别、物体识别等领域已达到国际领先水平。旷视科技的成功，与其采取"点面结合"的专利布局方法与专业的知识产权团队密不可分。

---

[1]　裴宏，张彬彬. 旷视科技：让机器看懂世界 [EB/OL]. （2018 - 01 - 11）[2020 - 09 - 15]. http：//www. iprchn. com/cipnews/news _ content. aspx？ newsId = 105137.

案　例

　　作为一家全球领先的人工视觉领域的科技企业，旷视科技重视算法创新。由于算法具有隐秘性和抽象性，旷视科技在举证算法受到侵权时往往有较大难度。为使算法创新获得更好的保护，旷视科技注重对重点算法领域进行专利布局，采用了"点面结合"的专利布局模式，即在"点"上加强对核心算法创新的专利布局，在"面"上注重以产品的关键创新为主的专利布局并兼顾产品的外围创新的专利布局。

　　"点"上布局，具体而言就是按照侵权举证的难易程度，将算法创新分为高、中两个层级。对于侵权举证难度较大的算法创新，选择将算法作为技术秘密的方式进行保护；对于侵权举证难度适中的算法创新，则采用提交专利申请的方式进行保护。同时对于商用前景好的算法创新，旷视科技还会通过软件著作权登记进行保护。比如，在人脸检测的算法领域，旷视科技现已形成若干项技术秘密，提交了数十件专利申请，同时还进行了多项软件著作权的登记。

　　"面"上布局，具体而言，在进行专利布局时，公司的知识产权团队结合预研和在研的核心技术、企业产品的市场占有率、行业的专利布局现状、竞争对手的专利情况以及企业的战略定位等因素，确定重点技术并提交专利申请，从而使专利布局方案更符合公司的战略需求。

　　截至 2017 年 12 月，旷视科技已在中国、美国、欧洲等国家和地区累计提交专利申请 600 余件，发明专利申请占 7 成，其中国内专利申请 500 余件，海外专利申请 40 余件，通过 PCT途径提交的专利申请 20 余件。目前，其已有 150 多件专利申请获得授权，旷视科技也因此成为人工智能行业视觉领域拥有自主知识产权数量最多的企业之一。

在重视重点技术领域专利布局的同时，旷视科技尤其重视高质量专利的挖掘与布局。为了使公司研发的技术和产品形成高质量、高价值的专利，旷视科技打造了一支既懂技术，又熟悉法律和企业专利管理工作，还能洞察市场发展的知识产权团队，该团队由企业专利顾问、律师、专利代理人、专利审查员等从业经历丰富的人员组成，每位成员均具有5年以上知识产权相关从业经验，团队人数虽然不多，但都能独当一面，可以说是一个小而精的专业型团队。公司知识产权团队主要负责公司的知识产权事务包括专利、商标、版权以及商业秘密等，主要职责是为公司的商业运营提供知识产权支撑。

此外，旷视科技还推出了"专利简报"制度，确保研发人员更精准地了解人工智能领域相关技术研发、行业动态等情况。每一期专利简报会简明扼要地用几页PPT向研发人员介绍专利知识、当前国内外的专利侵权案例等，仅需要3~5分钟研发人员就能了解最新的专利资讯。可以说，旷视科技如今取得的一系列成绩，离不开知识产权团队的保驾护航。

启 示

本案例告诉我们，企业应根据行业特点和自身情况，采取合适的知识产权布局策略。对于不适合申请专利的技术，可以采用技术秘密的方式进行保护，对于适合进行专利保护的技术，积极进行专利布局和保护；同时结合行业特征、市场占有率以及竞争对手的分析，对于重点技术进行重点保护，从而以较小的代价达到较好的专利保护效果。旷视科技根据自身实际情况，采取了"点面结合"的知识产权布局模式，对自身所拥有的技术起到了较好的保护效果。对于其他人工智能等 ICT 领域的企业来说，掌握知识产权保护策略和技巧，培育高价值专利包，才能支撑企业的高质量发展。

24. 中国移动研究院：高价值专利打造移动互联的"创新引擎"❶

导 语

2020 年 7 月 14 日，第二十一届中国专利奖评选结果出炉，中国移动通信集团公司（以下简称"中国移动"）获得中国专利银奖。自 2014 年获得中国专利金奖以来，中国移动已经获得 17 次中国专利奖。在中国移动产出的创新成果中，超过 70% 的专利是由其专利培育主力军中国移动通信有限公司研究院（以下简称"中国移动研究院"）研发而成。

案 例

构建高质量专利管理体系，多举措开展高价值专利培育

在企业发展中，高价值专利的培育为企业构筑了一道竞争"防火墙"。近年来，中国移动研究院结合自身定位以及研发内

---

❶ 柳鹏. 打造移动互联的"创新引擎"［EB/OL］.（2020 - 07 - 17）［2020 - 09 - 15］. http：//www. iprchn. com/cipnews/news_content. aspx？ newsId = 123788.

容特点，深入分析专利生产流程和专利质量提升的辩证关系，围绕"创造、运用、文化"三大核心环节构建高质量专利管理体系，以实现高价值专利的培育。为此，中国移动研究院将专利培育体系与通信领域技术研发特点相结合，采用"专利分级化、项目贯穿化、管理代际化、成果组合化"的举措开展高价值专利培育。

为避免对大量专利"一锅烩"式管理，中国移动研究院采取符合自身发展需要和通信领域特点的专利分级管理模式，在专利生命周期内，引导不同资源对专利进行精细化管理。具体来说，在早期"识好种"，通过市场、技术、法律和企业"四个维度"及时客观对每件专利进行分级；中期"育好苗"，通过人员、流程、专业"三个要素"，精准投放资源进行精细化管理；后期"摘好果"，收获高价值专利，实现专利运用，构建良好的产业环境。

此外，中国移动研究院采取全流程"嵌入式"专利管理，与项目过程紧耦合，通过技术梳理、创新点与专利映射等手段，提升专利产出质量；通过专利分析、专利风险评估、专利运用等多种手段，引导项目资源合理分配。目前，中国移动研究院的十几类专利流程嵌入项目流程中，嵌入占比约30%，超过70%的项目有专利产出，单个项目产出专利数高达253件。

重点培育标准必要专利，打造可推广的高价值专利包

标准必要专利一直是通信领域领军企业争夺的焦点，同时也是中国移动研究院专利工作的核心内容。每一代移动通信领域技术的发展都是按照"技术预研阶段、标准推进阶段、产业应用阶段"进行迭代推进。针对上述发展特点，中国移动研究院面向三个阶段分别采取"技术匹配专利、专利对照标准、标准推动产业"的专利工作模式。在技术预研阶段，中国移动研究院通过专利信息分析支撑技术选型，围绕基础技术研究布局底层专利；在标准推进阶段，推动公司专利技术写入标准，紧随标准化方向沿途预埋专利，实现标准必要专利产出数量、质量双提升；在产业应用阶段，根据现网优化方案形成标准改进型专利，专利对外许可推广实现产业快速技术升级。经过 3G 起步和 4G 并跑阶段，目前中国移动研究院 5G 专利申请数量在国际运营商中位居前列。

为了更好保护与运用高价值专利，中国移动研究院在研发伊始便通过详尽的技术分解确定涉及的技术点，研发进程中确保每个技术点及时布局专利，研发尾声对照技术分解表进行查漏补缺，形成针对该产品、项目的专利包，实现创新保护无遗漏。目前，中国移动研究院已经围绕研发成果打造了高精度时间同步、新型室分天线等多个可产业推广、运用价值高的专利包。其中高精度时间同步专利包围绕各技术点布局国内外专利10 余件，在中国、美国等多个国家获得专利保护，并与世界领先的同步仪表厂商达成专利许可协议，产生经济效益。

启 示

近年来，知识产权竞争的参与方更加多元化，跨地域、跨行业、跨领域的竞争不断涌现，因此，高质量专利已成为推动企业自主创新能力持续提升，在国际竞争中增加影响力、抗风险能力，解决"卡脖子"等核心技术攻关问题的关键。

中国移动研究院在中国移动的统一战略布局下，打造高质量专利管理体系，培育高价值专利，抵御日益增长的专利风险，强化科技创新在公司创世界一流"力量大厦"中的核心战略引擎作用，成功地走出了一条适合其自身发展的知识产权路径。

在高价值专利培育过程中，中国移动研究院总结出了一套行之有效的培育策略。首先，重点开发通信行业的标准必要专利，牢牢掌握通信行业升级换代的标准制定话语权；其次，对专利进行精细化管理，重点培育有潜力的高价值专利；最后，打造可产业推广、运用价值高的专利包。

25. 天高熔接：专利布局巩固行业龙头地位

导 语

现代企业若想长远发展，合理的专利布局至关重要。专利的有效部署可以帮助企业抢占市场，保护核心技术和产品不受他人侵犯，形成技术壁垒，从而限制竞争对手的技术突破。

案 例

依托自主研发确立行业龙头地位

小小的焊接衬垫，造巨船、建大桥都少不了。如何让焊接衬垫在使用过程中不吸潮？这是让全世界焊接企业都头疼的问题，而武汉天高熔接股份有限公司（以下简称"天高熔接"）则依靠自己的技术解决了这一世界范围内的难题。与此同时，天高熔接在小部件上下足了功夫，通过高价值专利布局，成为焊接行业的"单项冠军"。

天高熔接董事长曾是一名高校教师，"下海"后承接一些企业的技改项目。在接触武汉钢铁（集团）公司的相关焊接研究课题后，他对焊接衬垫的发展产生了浓厚兴趣。陶质焊接衬垫技术在 20 世纪 80 年代才被引入国内，但是核心技术一直被国外垄断，进口产品价格昂贵。为了打破受制于人的局面，天高熔接决心自主研发，实现焊接衬垫技术国产化。在研发过程中，天高熔接每年投入的科研经费占营业收入的 5% ~ 6%，经过一系列的技术改进，天高熔接初步形成了专利保护网。2015 年，围绕核心配方、生产工艺和设备等核心技术，天高熔接共申请 10 项相关发明专利，核心技术优势使天高股份在市场竞争中脱颖而出，最终实现大规模量产，在行业内形成价格优势，一举确立了行业龙头地位。

专利布局筑牢核心技术保护网

随着市场规模不断扩大，影响力不断提升，天高熔接的产品开始受到国内竞争对手的仿冒和国外市场专利准入的影响。这使得天高熔接意识到，要进一步巩固行业龙头地位，必须进行完善的知识产权布局和防护。于是，围绕主导产品——陶质焊接衬垫核心技术，天高熔接共提交了 14 件高价值专利申请。这一举措让多项核心关键技术受到保护，通过专利的有效部署形成技术壁垒，限制了竞争对手技术突破。与此同时，该公司还设立专利预警平台，与专利代理服务机构合作，监控同行企业技术主题方面的专利申请和授权动态，实时预警同行的技术变化趋势，从而进一步挖掘技术和市场发展空间。此外，天高熔接还制定了创新成果的利益分配与奖励制度，激发员工发明创造积极性，强化高价值专利申请与布局意识。

启 示

知识产权是一种非常有效的争夺市场话语权的武器，做好专利布局不仅可以提升企业自身的生存空间，而且可以打破行业垄断，有效阻击竞争对手。本案例通过介绍天高熔接聚焦核心技术进行高价值专利布局的实效，启示我们：如何开展高价值专利布局工作，形成核心技术的专利保护网络，这是企业应当主动实践的问题。

企业一方面要对产品进行准确定位，通过专利信息分析，了解自身产品在所处行业整个产业链中的位置及竞争对手专利分布情况和发展程度，有针对性地开展专利挖掘；另一方面，选择合理的保护方式，形成高价值专利保护网络，在商业秘密保护和专利保护方面进行合理科学的考量，在专利申请的类型方面根据实际情况来决定通过何种类型或类型的组合来保护，并对产业链、技术体系、地域等角度进行综合考虑，形成高价值专利布局网络，发挥知识产权保护的最大效益。

26. 中交二航局：高价值专利技术保护网撑起企业战略

导 语

曾创造多项世界第一、刷新多项中国企业纪录的杭州湾大桥，让国外专家都感到"难以置信"的苏通大桥等，许多代表中国桥梁建设最高水平的作品，都出自中交第二航务工程局有限公司（以下简称"中交二航局"）。中交二航局成功的根本在于企业勇于创新，同时加强对核心专利技术的研发应用和构筑高价值专利技术保护网。

案 例

中交二航局创建于 1950 年，以路桥、港航、铁路、市政工程施工为主业，二航局人的足迹遍布全国 29 个省、自治区、直辖市，以及东南亚、南亚、中东、欧洲地区。截至 2015 年年底，中交二航局有效专利已达 336 项。

在全球经济下行、海外经营普遍不利的情况下，中交二航局围绕打造"桥品牌"的企业战略，抢抓国家"一带一路"建设的机遇，利用核心专利技术保护网撑起企业战略。该局重视知识产权保护，进行高价值专利规划与布局，形成了桥梁设计施工方面的系列核心专利技术保护网，成功中标了一批国内外有影响力的重点工程项目。

知识产权为企业插上飞翔的翅膀。中交二航局通过多年的积累，在知识产权管理与布局方面已形成独特的经验：企业建立了知识产权管理机构，构建了公司、子分公司和项目部三级知识产权管理机制，职责清晰，建立了一系列完善的知识产权管理制度；构建了一流创新平台，促进企业高价值专利的创造与布局。与公司的发展战略相结合，根据自身在"桥品牌"方面的技术优势，重点在桥梁设计施工方面进行高价值专利布局与挖掘，形成核心技术专利保护网以及从桥梁基础到上部结构关键技术的系列专利群，使公司桥梁建设品牌远播海外。2015年，中交二航局申报的"模块化钢桁梁自动顶推系统"专利荣获第十七届中国专利奖金奖。

启 示

中交二航局的案例表明：企业战略的实现，需要有核心的资源和能力支撑，需要有完善的知识产权布局。企业通过专利布局形成核心技术专利保护网，扎紧专利的篱笆，才能够有力支持公司战略实施，为企业占据世界桥梁市场发挥重要作用。此外，在注重高价值专利布局的同时，加强专利与品牌等知识产权的组合运用，能够帮助企业创造更大价值。

27. 京东：高质量专利申请奏响"技术京东"新乐章❶

导 语

北京京东世纪贸易有限公司（以下简称"京东"）成立于1998 年，如今已成为我国家喻户晓的自营式电商企业。近年来，京东在坚持技术创新的同时，还以独到的知识产权布局意识，从发掘和培育高质量专利申请，到严格把控专利代理机构及专利代理人的服务质量，逐步实现了从重视专利申请数量到数量质量并重的飞跃。2018 年 2 月 25 日，在平昌冬季奥运会闭幕式上，京东的物流机器人出现在"北京 8 分钟"表演现场，

❶ 裴宏，张彬彬. 高质量专利申请奏响"技术京东"新乐章［EB/OL］.（2018－03－07）［2020－09－15］. http：//www. iprchn. com/Index_NewsContent. aspx? newsId = 106229.

惊艳了全世界，而这正是京东从"零售京东"到"技术京东"蜕变的一个缩影。

案 例

作为一家技术驱动型企业，京东的研发产品线涵盖平台交易、物流仓储、互联网金融、大数据、云服务、移动应用等多个领域，其中，京东智慧物流中的无人机，其自动装卸货可达到毫米级的精度标准。京东已逐步实现从"零售京东"向"技术京东"的转变，始终将技术创新放在首位，把知识产权作为公司的核心资产之一，为了更好地保护公司的每一项创新，京东从专利、著作权、商标等多方面对创新成果进行全方位保护。

京东始终将"专利储备不仅要注重数量，更胜在质优"的理念贯彻于专利布局之中。随着京东研发实力的不断提高，作为企业知识产权竞争力的代表之一，京东的专利申请量呈现井喷式增长。截至 2018 年，京东在数据处理、信息交换、安全加密、智能物流，以及仓储系统等多个技术领域提交了 4000 多件专利申请，仅在仓储物流领域，京东的专利申请量就以每年 100% ~ 150% 的速度增长。与此同时，京东还积极在美国、欧洲等多个国家和地区进行海外专利布局。

近年来，京东在保持专利数量稳步提升的同时，在专利质量提升上也下足了功夫。为了实现专利从数量到质量的飞跃，京东实施了"两手抓"战略。一手要"追本溯源"，在研发技术中"挖"出高质量专利申请；一手要重视代理，在代理环节"育"出高质量专利申请。另外，京东还单独成立了一个专注于专利申请、专利运营和专利保护等工作的一级部门——专利部。目前，每个技术部门都有 1 ~ 2 名专利部的人员"蹲守"，与技术人员紧密结合，将专利工作切入研发的各个环节之中。同时，京东还通过奖励机制，大力倡导研发人员主动撰写高质量的技术交底书。从研发之前的构思，到研发过程中萌生的创新点，再到后期应用等，研发人员都可以提交技术交底书。

在专利申请环节，京东建立了一套专利申请质量审核体系。第一关，在专利申请阶段，由各个研发部门的技术专家代表组成的京东专家技术委员会对专利申请文件中涉及的发明创造进行价值评估，其中包括对市场潜力的评估；第二关，公司专利部的资深专利顾问从法律角度对专利申请的稳定性、权利要求保护范围等进行评估；第三关，根据前两关得分的高低，制定不同的专利申请策略。根据这套体系，京东不仅能全面把握发明创造的技术价值，了解其市场潜力，同时还能有的放矢地制定专利申请策略。比如，针对得分较高的专利申请，京东在结合公司海外发展战略的前提下，会及时开展国际专利布局；反之，对于得分较低甚至不及格的专利申请，京东会直接淘汰。高质量的专利离不开高质量的专利代理，只有把控好专利代理关，才能真正提高专利申请的质量。

启 示

放眼当今世界，知识产权对于企业发展的战略意义不言而喻，而高价值专利在支撑企业创新发展方面发挥着越来越重要的作用。高价值专利的不断涌现离不开企业对知识产权工作的重视。京东的主要经验是：一方面在技术研发中重视高质量专利的挖掘，专利人员与技术人员紧密结合，将专利工作切入研发的各个环节之中；另一方面重视专利代理质量，建立了一套专利申请质量审核体系，注重代理环节对高质量专利申请的培育。

28. 腾讯：高价值专利是赢得市场竞争力的法宝❶

2020 年 4 月 26 日，深圳市腾讯计算机系统有限公司（以下简称"腾讯"）对外披露了其在专利布局方面取得的最新进展。截至 2020 年 3 月底，腾讯在全球主要国家和地区专利申请公开数量超过 3.7 万件，授权专利超过 1.4 万件。其中，在远程会议和在线教育领域，腾讯全球发明专利申请超千件，发明授权 400 余件。专利申请量在国内互联网公司中排名第一，在全球互联网公司中排名第二。

案　例

布局医疗 AI 专利，助力疫情抗击

腾讯最早涉足 AI 医疗领域的是微信智慧医院。2016 年，腾讯申请了医疗挂号系统相关的专利，应用于自主研发的医疗挂号平台。2017 年 8 月，腾讯推出首款将人工智能技术运用到医疗领域的产品——"腾讯觅影"。腾讯在医疗 AI 领域的专利申请量迅速增长。截至目前，腾讯在医疗 AI 领域布局的专利申

---

❶ 姜旭. 腾讯在全球申请专利数已超 3.7 万件［EB/OL］. （2020 – 04 – 26）
［2020 – 09 – 15］. http：//www. iprchn. com/cipnews/news＿content. aspx？newsId =
122374.

请已达 300 余件，主要分布于医疗辅诊、病案管理、药品管理、风险监控及医疗影像等多个方向。

2020 年 2 月 21 日，搭载着腾讯 AI 医学影像和腾讯云技术的人工智能 CT 设备在湖北方舱医院成功部署。通过这套设备，AI 算法只需数秒即可助力医生识别新冠肺炎，大大缓解了当地 CT 筛查能力不足的压力。

对于肺炎监测，腾讯还有一项医学影像检测相关的发明专利申请，可以获取待检测对象的医学影像和病理文本信息，然后对医学影像进行病理类型预测，以及通过训练后多层感知器对病理文本信息进行识别，并将预测信息和参考信息进行融合，得到预测结果。在预测结果指示所述医学影像为目标病理类型时，从所述医学影像中检测符合所述目标病理类型的区域，得到检测结果。该方案可以提高分类和定位的准确性，提高检测结果的可靠性。

布局远程办公专利，保障实时在线办公

2015 年，腾讯申请的一种数据传输的相关专利提供了一种超大规模、实时多人音视频通话解决方案。新冠肺炎疫情期间，远程办公等市场需求激增。利用这种专利技术，在保持现有的实时多人音视频通话系统的小房间管理模式的同时，还可以平行扩展的方式极大地拓展单房间支撑上限，同时又能够做到风险可控、对现有架构冲击最小。其中，腾讯会议诞生两个月内日活跃账户数超 1000 万，成为当前中国人使用最多的视频会议产品，其国际版（VooV Meeting）也已在超过 100 个国家和地区上线，免费开放 300 人同时在线的会议能力，助力全球战疫。

布局在线教育相关专利，提升用户体验

作为一款国民级通信及社交应用，腾讯 QQ 在疫情中也在通过腾讯的一种专利技术被挖掘出诸多潜力——帮助各地缓解因疫情停课的燃眉之急。在特殊时期，QQ 专为网课打造"群课堂"，并针对群文件、作业等教育场景下的功能进行持续优化，已助力超过 1.2 亿用户开展线上教育。同时，腾讯利用一种专利技术，通过将 PPT 转换成 H5，通过本地加载 H5 以及实时 push 信令实现 PPT 翻页、切换动画、实时同步老师端画笔、插入习题等操作实现直播授课。这种方案可以降低用户网络要求，同时提高了用户的直播画面清晰度，解决花屏卡顿等问题，大大提升了上课体验。在便利而稳定的服务背后，QQ 上音视频、直播等在线教育相关功能申请专利超过 200 件、官方授权超 100 件。

启 示

2020 年新冠肺炎疫情期间，在整个社会经济发展遭受疫情负面影响的情况下，腾讯公司却能逆势而上，抓住疫情期间的市场需求，在 AI 医疗、远程会议和在线教育领域大展身手，实现高质量发展。这一局面的开创不是偶然的，而是腾讯公司长期以来开发高质量专利，不断积累创新知识产权的结果。

腾讯的高价值专利培育策略包含三个方面，能为其他企业提供经验借鉴：一是发现市场痛点与针对性布局。在市场上谁发现了行业痛点并率先提出解决方案，谁就可以占据市场领先优势。二是巩固市场地位与持续性布局。市场需求一般是明确而且是持续存在的，为了不断巩固市场领先地位，则需要持续性进行专利布局。三是预见潜在市场与前瞻性布局。在专利领域，比较流行的理念是"产品未动、专利先行"，越来越多的企业希望找到未来的蓝海，基于对潜在市场的预见，进行前瞻性专利布局就显得格外重要。

第四章　生财有道

——知识产权的运用

一、知识产权运营促进"知识产钱"

29. 华中科技大学：首例国内高校专利公开挂牌出让

导　语

　　根据湖北省相关文件规定，为支持高等学校科学研究、成果转化和教育教学工作，高等学校科技成果转化所获收益可按不小于70%的比例，用于奖励对科技成果完成和为科技成果转化作出重要贡献的人员。华中科技大学武汉光电国家实验室研发的"显微光学切片断层成像系统"（MOST）在该项政策的指引下，在当时实现了"标底国内最大、个人及团队分配比例最高"的两个全国突破，充分释放了知识产权的价值和活力。

案　例

　　2013年年底，武汉沃亿生物公司以1000万元的交易价格取得华中科技大学自主绘制的一组"大脑地图"专利。这是教育部直属高校范围内首个公开挂牌交易的科研成果。

　　这组专利全称为"显微光学切片断层成像系统"，该系统是目前世界上唯一能完整获取高分辨（体速分辨率为1微米）鼠脑结构功能图谱的仪器，在脑科学研究方面意义重大，具有极高的医学研究价值。2002年，时任华中科技大学副校长、武汉光电国家实验室常务副主任的骆教授牵头启动 MOST 系统相关研究，并于 8 年后成功攻克该难题，申请了该项技术的一组专利。2010 年，骆教授团队将该项专利成果论文发表在《科学》杂志上，并入选 2011 年度"中国十大科学进展"。

为了将此项实验成果进行转化，骆教授及团队仔细研究了国内 17 份关于成果转化的政策文件，寻找政策依据，积极开展成果转化申报的相关工作。历时 1 年的层层审批，教育部、财政部等相关部委允许一组 MOST 系统专利通过武汉光谷联交所公开挂牌转让，最终被武汉沃亿生物公司以 1000 万元成功竞得。按照相关规定，此次科研成果转化所创造的收入 70% 属于技术团队，另外 30% 由高校根据相关规定进行处置。这对于武汉光电国家实验室来说极为珍贵，是该实验室的第一笔科研成果转化收入。这组专利技术的成功交易，在当时实现了"标底国内最大、个人及团队分配比例最高"的两个全国性的重大突破。然而，华中科技大学武汉光电国家实验室的科研成果远不止这些，当时实验室的专利多达 500 余项，此次科研成果的成功转化为实验室的师生带来了希望和动力。

对于购买方来说，如果能抢到一项引领全球的新技术，那就等同于挖开了一座大金矿。所以，在此次交易前期，企业更急切、更关注。"交易成交的一年前，我们就盯上这个项目，每天都担心它通过不了审批，或者是审批过程中有同类科研成果出来抢占先机。"武汉沃亿生物有限公司负责人表示。

多年来，高校科研成果一直在转化难、转化率低的泥沼中挣扎。湖北省在全国率先出台了促进高校科技成果转化的一系列政策文件，以单刀直入的方式破除桎梏，使 MOST 专利有机会快速变现，彰显高校专利成果的价值，激发更多的科研人员实现价值，释放创新活力。

加强高校知识产权运营意义重大。我国高校专利技术成果众多，但因为职务科技成果处置时评估作价难、责任大，且成果完成人奖励比例低，2014 年以前高校院所专利运用转化举步维艰。2012 年，湖北省武汉市出台了"黄金十条"，借助于武汉东湖国家自主创新示范区的优势，先行先试，开展职务科技成果处置试水，MOST 项目即是试水的第一个项目，意义非凡！正是因为有武汉、北京等城市先行先试，2014 年年底，财政部、科技部、国家知识产权局在全国遴选了 20 个试点单位，正式开始"三权改革"试点。2015 年 10 月 1 日，《促进科技成果转化法（修订）》开始施行，全国高校院所专利技术成果运用转化迎来政策上的春天，一大批专利技术成果陆续像 MOST 项目一样实现转化。

30. 复旦大学：探索新产学研模式，将专利许可给美国

导 语

中国高校和科研院所拥有大量的科研人才以及强大的科研实力，形成了许多科研成果，然而，大量科研成果申请专利或者通过验收后就止步不前了，并没有进行专利的有效转化。有了专利，就有了专有权，却不能就此转化，产生经济效益，真正的创新也就无从谈起，专利制度的优势也无从体现，高校创

新难以形成良性循环。如何打破窘境，实现高校专利的有效转化，成为当前高校不得不思考的问题。复旦大学一支研发团队就做了这方面的探索，给国内高校及科研机构树立了范本。

案 例

2016 年 3 月 15 日，复旦大学与美国沪亚（HUYA）公司在上海达成协议，复旦大学生命科学学院杨教授将具有自主知识产权的用于肿瘤免疫治疗的 IDO 抑制剂专利权有偿许可给美国沪亚（HUYA）公司。此次许可转让将至多为复旦大学和杨教授带来 6500 万美元的收益。

IDO 抑制剂作为具有新药靶、新机制的药物，市场前景广阔，可应用于治疗肿瘤、阿尔茨海默病、抑郁症、白内障等多种重大疾病。目前，国外医药行业对 IDO 抑制剂的市场前景颇为看好，多家知名药企均宣布要加入 IDO 抑制剂的研发竞争行列。现有的 IDO 抑制剂抑制效果不明显，而且目前缺乏 IDO 抑制剂药物。截至 2017 年 1 月，美国纽琳基因（New Link Genetics）公司与美国因塞特医疗（Incyte）公司研发的相关化合物已经进入临床试验阶段。而杨教授团队研发的新型 IDO 抑制剂在已经申请国内专利和 PCT 国际专利的基础上，有望成为第三个进入临床实验研究的 IDO 抑制剂。

美国沪亚（HUYA）公司在协议签订后将与杨教授课题组通力合作开展临床试验，全力推动该项目的开发和上市工作。

根据协议，美国沪亚（HUYA）公司将采用里程碑付款方式，具体来说，美国沪亚（HUYA）公司将向复旦大学支付一定额度的首付款，若该 IDO 抑制剂在国外临床试验结果取得优效，在欧盟、美国、日本成功上市，以及年销售额达到不同的目标后，美国沪亚（HUYA）公司将向复旦大学支付累计不超过6500万美元的各项里程碑款，以获得该药物除中国大陆、香港、澳门和台湾地区以外的全球独家临床开发和市场销售的权利。此次复旦大学与美国沪亚（HUYA）公司的合作是前沿基础研究走向应用的全新尝试，是高校探索出来的一条科技创新引领产业发展的创新之路。

启 示

复旦大学与美国沪亚（HUYA）公司产学研合作案例告诉我们：在投资者或合作企业不强烈要求所有权转让的情况下，高校院所专利运营建议多以专利许可的形式进行。为什么推荐专利许可模式？一是专利许可产权无须变更，专利不需要评估，可以避开无形资产评估难的问题。二是专利许可可以以入门费加销售提成的模式收费或者以里程碑的模式收费，避免承担作价投资后，国有资产管理面临的增值保值压力和风险。三是许可作为国际惯例，是欧美国家使用最广泛的专利运营方式。

31. 湖北华烁科技：专利许可创收1.5亿元

导 语

2006年，湖北华烁科技股份有限公司（以下简称"华烁科技"）成功研制出煤制乙二醇3项关键催化剂技术，并且打包5

件专利在内的全套技术，以专利许可的方式给其他企业使用，从而获得许可收益。不卖产品、设备，只依托专利许可实现高收益，这正是现代科技企业发展的新思路。

案 例

乙二醇是一种重要的基础有机化工原料，用途非常广泛。从石油中提炼出乙二醇是最普遍的方法，但我国的能源结构却是多煤少油。长期以来，我国一直是乙二醇消费大国，正是因为受制于这种能源结构，我国对于乙二醇的进口依赖度非常高。面对这种困境，华烁科技并没有继续依赖进口，而是决心走出一条自主研发的道路。

华烁科技是 2008 年由湖北省化学院改制而来，主营催化剂、净化剂等化工产品。出身于科研院所的企业先天优势在于技术，华烁科技从成立之初就深刻地意识到改制并非简单地做产品和销售，而是要为生产企业提供可用的技术。结合我国能源消费结构调整的大趋势，公司确定了以煤为原料制作乙二醇的研究方向，持续投入 4000 多万元，并组织 10 余名核心技术人员研究煤制乙二醇催化剂关键技术。

从 2006 年起，经过 4 年的潜心研究，华烁科技最终成功研制出煤制乙二醇 3 项关键催化剂，并发挥显著成效。2009 年 9 月，华烁科技联合中国五环化工工程公司和鹤壁宝马（集团）有限公司，开展年产 300 吨煤制合成气生产乙二醇中试试验。中试装置于 2010 年开始建设，2011 年 3～9 月进行了中试实验，同年 12 月 12 日经国家能源局相关专家鉴定，3 项催化剂的部分关键指标达到国际领先水平。经过这一系列催化剂配方、工艺技术、产品中试等研究，最终形成包括 5 件专利在内的全套技术。

技术领先、实用性强，这两大优势给华烁科技增添了信心。在和生产企业谈判过程中，华烁科技将 5 件专利在内的全套技术打包开价 5000 万元，许可给河北一家公司使用，对方深思熟虑后接受了这个价格。

由于这是一项普通专利许可，整套技术的专利权属仍在华烁科技，还可以将此专利许可给更多的企业使用。2017 年，华烁科技再次将该专利许可给国内另外两家公司使用，每家使用的专利许可费均为 5000 万元，加上许可给河北公司的使用权费，截至 2017 年 1 月，该专利实施许可的实际金额已达到 1.5 亿元，这项交易也刷新了当时武汉技术交易金额的纪录。

启 示

华烁科技通过自主创新和专利许可创造收益，为企事业单位知识产权管理和运营提供了借鉴之路。本案例有以下两点启示：一是企业专利运营要持续地进行研发投入并提前进行技术布局；二是企业应聚焦自身的技术研发优势，选择适当的专利运营模式，在众多的专利运营模式中，专利许可是一种比较普遍的运营方式，专利许可的好处是专利权无须变更与转让，接受许可的企业只要支付一定的许可费用就可以自行实施生产，有利于企业专利技术的快速转化与变现。

二、知识产权投融资撬动财富杠杆

32. 格林美：39 项专利换回 3 亿元贷款，开创湖北专利权质押贷款先河

导　语

专利权作为一项无形资产，是企业不可多得的宝贵财富。如何将手中的资源——专利权作为质押融资转化成支持企业发展的"再生资源"，一直是企业努力探索的方向之一。荆门市格林美新材料有限公司（以下简称"格林美"）在专利权质押融资方面交了一份完美的答卷。

案　例

2012 年 8 月 8 日，在湖北省专利权质押融资项目签约会上，格林美一次性拿出 39 项专利，换回国家开发银行湖北分行提供的高达 3 亿元的质押贷款协议，创下全国单个企业、单次获得专利权质押贷款协议最高金额的纪录，堪称将"知本"转化成"资本"的典范。

格林美成立于 2003 年 12 月，拥有行业中唯一的循环技术工程研究中心——湖北省二次有色金属资源循环利用工程技术中心。截至 2017 年 1 月，格林美共拥有 212 件专利，涵盖废旧

电池、钴镍钨稀有金属废料循环利用、废弃电器电子产品与废线路板循环利用等技术领域。在格林美研发出能成功替代原矿产品的超细钴镍粉末前，中国市场被国外公司的羟基镍粉垄断了近 20 年。

格林美的发展壮大在很大程度上离不开政府的支持和对知识产权的重视。成立伊始，格林美是只有一栋厂房、占地面积仅几十亩的小企业。通过对专利的有效利用，公司积累了资本并一步步发展壮大，截至目前已跻身高新技术企业的行列。2007 年，格林美为了解决资金难题，积极求助于湖北省知识产权局。通过与湖北省知识产权局沟通，格林美充分认识到专利的价值，公司将"硒的回收""镍粉的制造方法"等 6 件专利权进行质押，获得国家开发银行湖北分行 3021 万元贷款，这也是湖北省第一笔以专利权质押融资获得的贷款。2007 年年底，格林美再次获得了 4000 万元的专利权质押贷款；2008 年，格林美拿到了第三笔 2900 万元的专利权质押贷款。

得益于知识产权质押贷款，格林美在短短 5 年间实现了跨越式发展，其注册资本增长 90 倍，总资产增长 23 倍，销售收入增长 10 倍。值得一提的是，其母公司——深圳市格林美高新技术股份有限公司于 2010 年 1 月在深交所中小企业板块上市，成为国内循环经济与低碳制造的领军企业。在专利体系的指导下，格林美建成了世界上最大的"小型废旧电池与钴镍废物"循环利用基地，完全替代了原矿产品，打破了国外公司在羟基镍粉市场近 20 年的垄断局面。企业自身在产值和规模上，一跃发展成为世界第三、中国第一的"超细钴镍粉末"制造基地，年生产锂离子电池原料占据中国市场 30% 的份额。

启 示

开展专利权质押融资，是加强知识产权运用、盘活企业无形资产、破解科技型中小微企业融资难的重要举措。格林美通过知识产权质押获得了国家开发银行湖北分行的三笔贷款，壮大了企业现金流，加大了企业技术研发的投入，推动企业走上发展壮大的快车道。格林美的成功经验表明，企业可以通过提升自身知识产权的含金量，用好、用足国家在知识产权融资方面的政策，开展知识产权质押融资，补充企业发展现金流。

33. 绿色网络：专利权质押融资为企业注入"活水"❶

导 语

武汉绿色网络信息服务有限责任公司（以下简称"绿色网络"）成立于 2003 年，是一家数据通信领域的高新技术企业。2017 年，绿色网络在获得武汉农村商业银行 1800 万元专利权质押贷款的支持后飞速发展。2019 年，公司入选德勤发布的"光谷高科技高成长 20 强"榜单；同年 11 月，获得全球软件业最高级别认证——CMMI5 认证。

---

❶ 柳鹏. 质押融资为企业发展注入"活水"［EB/OL］.（2020 – 06 – 28）［2020 – 09 – 15］. http://www. iprchn. com/cipnews/news _ content. aspx? newsId = 123475.

案 例

　　绿色网络是一家技术密集型企业，以基于 X86 的网络性能优化和深度报文检测（DPI）技术闻名业内，已成为中国运营商 DPI 业务的主流供应商。作为创新驱动的高新技术企业，绿色网络高度重视知识产权工作，依托北京和武汉两大研发中心，围绕 DPI、安全、大数据、边缘智能等方向自主创新，已获得多项发明专利和软件著作权。从数量上看，公司专利和软件著作权获权数量均呈现增长趋势，拥有 28 件授权发明专利和 59 件软件著作权。从质量上看，公司的发明专利和软件著作权始终依托于公司在细分领域的核心技术优势展开，而相关知识产权也为公司赢得市场领先提供了有力支撑。截至 2019 年，公司基于核心专利开发的各种产品，已在全国 31 个省份的 160 个地级市广泛应用。

　　由于公司在研发、人力方面的投入非常高，再加上合同执行中，许多合同方需要整体项目审计验收合格后才能支付货款，资金紧张的情况时有发生。2016 年，绿色网络在研发阶段耗费了大量资金，虽然拥有先进的技术和大量的订单，但因自身缺乏充足的流动资金而不得不放弃一些项目。现金流短缺这一问题限制了公司的快速发展。

　　此时，湖北省知识产权局出台了一系列相关政策破解科技型中小企业、民营企业融资瓶颈。为突破资金瓶颈，凭借自身在专利权质押方面具有得天独厚的优势，绿色网络于 2016 年向武汉农村商业银行提出专利权质押融资申请。

　　随后，武汉农村商业银行派出专门调查小组进行融资风险评估。评估后发现，绿色网络在网络 DPI 运营服务市场具备良好的信誉度，与中国移动、中国电信等大型企业集团有多项成功合作的案例。更重要的是，该公司在核心技术上拥有多项独占性的自主知识产权专利，公司发展前景相当可观。虽然绿色网络当时没有太多实物资产，但是可以通过灵活运用专利权质押贷款等方式给予其支持，武汉农村商业银行决定据此对绿色网络发放贷款。在此后的具体实施过程中，武汉农村商业银行对绿色网络的"一种数据包收发方法"等三项专利进行了价值评估，累计估值 6561 万元，于 2017 年 3 月向该公司发放了专利权质押贷款 1800 万元，信用保证保险 300 万元，合计融资2100 万元。有了银行贷款，公司也就盘活了现金流，有充足的资金投入研发，也敢放心大胆地承接项目了，业务订单完成量猛增，公司营业收入近 5 年内从 1000 万元增至 4 亿元，实现了公司的高速发展。

启　示

　　绿色网络这类科技创新型轻资产企业，由于体量小、底子薄、缺乏固定资产或实物抵押物，找银行贷款往往难以获批。但是这类企业也有自己的独特"财富"，那就是知识产权。对绿色网络这一类高新技术企业而言，其自身拥有多项专利，更容易取得金融机构的信任，从而获得融资支持。因此，科技型中小企业应加大研发投入，积极培育高价值专利，提升专利含金量，并积极尝试专利权质押等新型融资方式，为企业发展提供新动能。

34. 思源智能：知识产权成果吸引资本投入 ●

导 语

北京南洋思源智能科技有限公司（以下简称"思源智能"）成立于 2017 年 5 月，是一家以大型装备的故障诊断与远程运维为主营业务的初创企业。思源智能认为，故障在线监测技术的市场在未来大有可为，随后与西安交通大学（以下简称"西安交大"）展开通力合作，联合中技华软知识产权基金（以下简称"中技基金"），在资本力量的助推下顺利实现了科技成果的转化落地及专利价值的最大化。

案 例

机械设备和电气装备在长期工作运转中难免会出现轴承磨损、滚珠脱落、轴承内外圈断裂、结构件裂纹、螺栓松动等问题，这些看似细微的问题如果不能及时监测并妥善处理，极有可能引发一系列的机械故障，进而带来难以预估的经济损失，甚至造成人员伤亡。尤其对于大型设备而言，智能故障监测是关乎安全运营的重要环节。随着工业智能化的普及，故障在线

● 裴宏. 思源智能：用金融撬动科技成果转化［EB/OL］.（2018 - 05 - 25）［2020 - 09 - 15］. http：//www. iprchn. com/Index _ NewsContent. aspx？NewsId = 108333.

监测技术将拥有更加广阔的市场。

思源智能凭借着对故障在线监测技术市场的分析和预测，联合西安交大在复杂机电系统故障诊断与健康管理、复杂机电装备动态特性分析与可靠性测试分析等领域的科研实力，向中技基金寻求资本助力。中技基金在对思源智能的创业团队进行全方位考核评估后，认为其深刻理解行业痛点，具有明确的市场定位和销售预期，加之西安交大的强大技术实力，因而预判这种"定位精准、目标明确"的校企联合研发模式极具潜在价值。2017 年 5 月，思源智能成立之际，中技基金便以千万级别投资额成为该公司的战略股东。值得一提的是，思源智能已对其技术创新成果提交了多件发明专利申请，数量布局、质量取胜，直接提高了企业的技术水平和市场竞争优势。

不同于通常的天使投资，中技基金在注入资金后，还为企业提供政策信息，搭建资源平台，从运营管理、品牌打造到下一轮融资，提供了全面支持，帮助思源智能和西安交大顺利实现科研成果产品化以及科研项目产业化的对接和过渡。以项目为依托，以专利为载体，思源智能与西安交大机械工程学院的深度合作，打破了科研创新成果难以产品化和商用化的掣肘，使得科研成果的种子得以落地开花。

对于创新型高科技企业而言，技术的先进性就是企业的生命线。正是在企业成立阶段尝到了专利融资的甜头，思源智能对专利保护极为重视，从企业战略的高度做好知识产权保护及运用工作。以产业化的思路，企业利用高校科研团队在技术先进性的优势，与其展开紧密合作，从成本控制、产品呈现、技术适用性等角度来完善和实施技术创新成果，持续加大对知识产权保护的投入。

启 示

思源智能成立伊始便尝到了专利融资的甜头。凭借对技术市场的分析与预测，思源智能把握住了市场的节奏，通过将高校的科技成果转化到企业，补足了其在技术研发领域的短板，通过对知识产权的挖掘、布局与保护，掌握了领先行业的核心技术，从而吸引了资本的关注与投资。

在中技基金的资金扶持和战略引导下，思源智能与西安交大密切合作，各展所长，顺利实现了专利技术的落地转化，并成功迈出了科研成果市场化的步伐。思源智能的成功，再次印证了知识产权对于初创企业的重要价值。

35. 武汉生之源：知识产权质押融资壮大企业现金流❶

导 语

武汉生之源生物科技股份有限公司（以下简称"生之源"）成立于2009年12月，主营医院用临床诊断试剂，旗下还拥有武汉华美生物工程有限公司（以下简称"华美生物"）和武汉金利生医疗器械有限公司两家全资子公司。生之源公司和华美生物均为国家高新技术企业，属于创新驱动型企业。

---

❶ 柳鹏. 创新乘风起，掣鲸弄潮头 [EB/OL].（2020 – 07 – 03）[2020 – 09 – 15]. http：//www. iprchn. com/cipnews/news_content. aspx？newsId = 123581.

生之源一直以来都非常重视知识产权保护，以保护自身的创新成果。2016 年，生之源获批成为"湖北省知识产权示范建设企业"。同时，生之源也加强知识产权的运用，通过专利质押先后累计获得武汉农村商业银行 6000 万元的贷款，壮大了企业现金流。

案 例

知识产权是企业发展的生命线，为此生之源专门成立了知识产权工作小组，全面负责公司在知识产权创造、运用、保护和管理等方面的工作。截至 2019 年，生之源已拥有授权发明专利 17 件、实用新型 2 件、外观设计 1 件，另有 2 件软件著作权；旗下的华美生物拥有授权发明专利 12 件、实用新型 8 件、外观设计 2 件、软件著作权 2 件。

对创新成果的保护除了能够让生之源保持技术领先，还为企业插上了腾飞的翅膀。为了保障企业的现金流，2012 年开始，华美生物与武汉农村商业银行协商一致，通过专利质押的方式，武汉农村商业银行给予华美生物流动资金借款。2017 年，生之源加大了产品研发力度，为了缓解资金压力，于 2018 年与武汉农村商业银行签订专利质押贷款合同，完成两轮贷款融资，贷款金额 1000 万元。截至 2019 年，累计贷款资金 6000 万元。公司通过知识产权质押融资获得的资金，盘活了公司的资源，免除了公司发展的后顾之忧，同时也为此次抗击疫情提供了资金保障。

在此次新冠肺炎疫情的抗战中，生之源成功研制出新冠病毒抗体（IgM/IgG）检测试剂盒，并进了商务部白名单，于 2020 年 5 月被武汉市人民政府授予"热血战疫集体"的荣誉称号。而且，该检测试剂盒通过了欧盟的安全合格（CE）认证、英国的英国药监机构（MHRA）认证以及 19 个国家的自由销售证书，产品出口法国、巴西、厄瓜多尔等多个国家和地区。在此次抗疫战斗中，生之源以知识产权为重要支撑，凭借其研发优势，积极走在抗疫前线，为武汉乃至全国、全世界的抗疫作出了积极贡献。

启　示

近年来，国家出台了《国务院关于进一步支持小型微型企业健康发展的意见》《关于加强知识产权质押融资与评估管理支持中小企业发展的通知》等一系列政策文件。作为知识产权运用的重要形式之一，知识产权质押为企业解决"钱荒"提供了新的融资渠道，各级地方政府为了鼓励企业进行知识产权质押融资，出台了质押贴息等各种惠企政策，积极引导知识产权评估机构、担保机构和金融机构多方发力，共同破解科技型中小微企业的融资难题。

生之源将其核心的专利成果，通过银行专利权质押的方式获得了银行的大量贷款，缓解了企业资金困境，将获得的资金继续投入研发，在新冠肺炎疫情期间，传统企业关门停产，面临产品滞销、资金链断裂等经营风险，而生之源研发的产品不仅为国家和人民作出了突出的贡献，也为企业发展提供了新的技术储备，使企业走上快速发展的道路。

36. 东菱振动：专利质押融资成就全球服务商●

【 导 语 】

"东菱振动，振动世界！"苏州东菱振动试验仪器有限公司（以下简称"东菱振动"）于 1995 年成立时的豪言壮语已经慢慢变成事实。20 多年来，东菱振动重视自主创新和知识产权的运用，通过对多件知识产权的质押，东菱振动多次获得融资，并逐步从当初几万元启动资金的小作坊，发展成集研发、制造、销售、服务于一体的全球知名的力学环境与可靠性试验设备专业制造商和测试服务商。

【 案 例 】

在知识产权运用方面，东菱振动通过知识产权质押贷款获得多项融资。2011 年 3 月，经北京北方亚事资产评估公司评估后，东菱振动以总价值 1 亿元的 58 件专利质押获得了光大银行 3000 万元的融资。这也是当时江苏省企业以专利质押的方式获得的最大融资。2014 年 3 月，东菱振动在苏州市工商行政管理局、苏州高新区工商行政管理局等部门的协调与推荐下，以北

● 祝文明. 东菱振动：强化专利运用，实现多方共赢［EB/OL］. （2018 – 07 – 19）［2020 – 09 – 15］. http：//www. iprchn. com/cipnews/news_content. aspx？ newsId = 109526.

京连城资产评估有限公司评估的价值 2506 万元的驰名商标获得苏州银行 1500 万元的融资。2014 年 5 月，东菱振动以北京连城资产评估有限公司评估价值 3403 万元的 3 件发明专利获得招商银行 1000 万元的融资。

东菱振动能取得今天这样的成绩，离不开科技创新。一直以来，东菱振动以科技创新为核心抓手，积极投身研发，建立以国家博士后科研工作站、省院士工作站、院士顾问团、专家委员会和以东菱团队为基础的联合试验平台及多级研发体系，致力于新产品开发、客户需求研究及产品技术改进，从而形成强大的适应当前和未来市场的科技创新系统。同时，东菱振动还大力推进产学研合作战略，整合社会创新资源，提炼关键共性技术，促进科技成果转化，实现多方共赢发展。2016 年，经过与哈尔滨工程大学几年的合作，东菱振动以丰富的力学试验设备开发经验，吸引了哈尔滨工程大学以 3 件专利与东菱振动成立苏州东菱智能减振降噪技术有限公司，这是东菱振动首次与合作方以无形资产的方式合作。

启 示

从神舟飞船到航母平台，从导弹、卫星到高铁、汽车，不管是最尖端的国防、军工领域，还是众多民用产品，都离不开东菱振动的高标准专业振动试验台。东菱振动之所以能够取得今天的成绩，重要原因便是其重视知识产权的运用来实现多方的共赢。东菱振动通过知识产权质押贷款获得多项融资，从而拥有足够资本改善研发的软硬件条件，为新品的研发与成果转化，提供了有力保障。以此为基础，东菱振动才能实现产、学、研战略合作，从而形成企业对知识产权运用的良性循环。

三、专利成果转化铺就财富之路

37. 武汉百格：一项高价值专利造就一个企业

导 语

知识经济时代，知识产权作为无形资产已经成为企业的重要战略资源，越来越受到企业的重视。专利，尤其是高价值专利，作为知识产权的重要组成部分，是一家企业成就辉煌的基石。高价值专利不仅能满足技术需求，有时还能成就一家企业，创造可观的经济效益。

案 例

2015 年之前，王博士是武汉某大医院外科医生，从事着普通外科工作，大量的手术和临床诊断让他积累了丰富的专业医学知识和经验，并在日常工作中萌生了一些创新想法。通过不断地努力尝试后，他研究出一种对患者创伤小、无痛苦的外科微创技术，并向国家知识产权局申请了专利且获得了授权。

让王博士没有想到的是，这项专利竟让他成为一家企业的合伙人。2015 年，一次偶然的机会，王博士与武汉百格资产管理有限公司（以下简称"武汉百格"）有了接触。武汉百格是一家为医疗行业上下游企业提供知识产权咨询服务的企业。武汉百格通过与王博士交流，发现王博士的专利技术具有巨大的市场空间，经过专业团队评估，认定其市场价值可达 30 亿元。

随后，武汉百格积极为王博士穿针引线，找到了正在武汉大学就读 EMBA 的北京某医疗器械公司营销总经理姚某。在姚某的帮助下，王博士进一步完善了该项技术，并成功完成了样品的生产。之后姚某将王博士的专利向武汉大学 EMBA 的几位同学介绍，大家一致看好这项专利的市场前景，萌生了基于这个专利来成立公司，并通过公司实现成果转化和商业运作的想法。于是，由姚某和百格公司团队牵头，与王博士达成共识，在王博士专利技术的基础上共同投资成立武汉弘铭医疗科技有限公司（以下简称"弘铭医疗"）。

目前，弘铭医疗成功融资 500 万元，在外科微创技术专利之外，又申请了一系列新的医学专利，预计将创造医疗器械领域的专利技术 20 余项。弘铭医疗的创新医疗器械系列产品目前已进展到医疗器械注册证的申报阶段，产品已于 2016 年年底投放市场，预计 2017～2021 年可产生过亿元的收益。

最初王博士的一个创意，产生了一项高价值专利，由此诞生了一家新兴医疗器械企业，未来还将带来可观的市场收益。

近年来，依靠一项或者多项高价值专利拓展市场，获得高市场占有率，并创造不菲商业价值的案例越来越多。可见，好的创意若能转化为高价值的专利，能给权利人带来巨大的财富。

启 示

在知识经济时代，知识产权就是力量。本案中王博士的经历生动地展现出"小专利、大财富"的意蕴。在当前"双创"背景下，每天都会诞生新的初创企业，面对竞争激烈的市场，初创企业应该将知识产权作为其发展壮大的基本根基。本案例的启示意义在于：

一是要珍视我们的创意。创意无处不在，哪怕是日常工作或生活中的小创意都可能蕴藏着巨大的社会价值和财富。

二是要利用知识产权及时保护好创意。好的创意应当及时地进行知识产权化，充分保护创意成果，使其变成受到法律保护的权利。

三是要采取各种模式充分利用创意。找到慧眼识珠的创业合伙人，借助资本的力量将知识产权在市场中放大价值，甚至是造就一家企业。

有了良好的技术和产品，有了巨大的市场需求，有了社会资本的风险投资，更重要的是要有一支能打"胜仗"的优秀创业团队。

38. 海南椰国：一项专利兴起一个产业❶

导　语

海南椰国食品有限公司（以下简称"海南椰国"）成立于1996 年，是一家集科研、开发、生产、销售为一体的高新技术企业。其创始人的一项发明专利——"将椰子水发酵制作的食

---

❶ 姜旭. 钟春燕：创新是企业发展的不竭动力［EB/OL］.（2013 – 03 – 20）［2020 – 09 – 15］. http：//www. iprchn. com/Index _ NewsContent. aspx？ newsId = 58159.

用纤维及其生产方法"使海南诞生了一个全新的产业——椰果产业，从而结束了千百年来海南岛椰子加工过程中椰子水被废弃而污染环境的历史。这件专利于 2006 年获得中国优秀专利奖，2009 年被评选为"新中国 60 项重大发明推荐项目"之一。

案 例

1996 年，海南椰国成立之初，创始人发明了利用椰子水生产椰果的技术，并将这项"将椰子水发酵制作的食用纤维及其生产方法"的技术提交了中国发明专利申请，随后实施转化。2012 年 11 月，海南椰果的"两步发酵法生产可食用纤维素"发明专利获得由国家知识产权局和世界知识产权组织联合颁发的第十四届中国专利金奖，这是海南省自 1995 年椰树椰子汁后第二次有发明专利获此奖项。

经过多年的发展，海南椰果已发展成为国家知识产权试点单位、国家星火计划龙头企业技术创新中心、海南省农业产业化重点龙头企业、国家农产品加工技术研发专业分中心、椰纤果加工公共研发平台、海口市创新型企业。截至 2013 年，公司提交了 88 件专利申请，其中发明专利申请 75 件，已授权发明专利 22 件，其中 4 件发明专利荣获中国专利优秀奖、首届海口市专利金奖，以及首届海口市科学技术突出贡献奖。

海南椰国的发展壮大离不开科技创新，创新给海南椰国等企业提供了一个良好的契机，更是拉动经济增长的主要因素。虽然国内对科研的投入很大，但是自主创新的核心技术并不多，尤其是科研成果转化环节，投入比较分散，也比较薄弱，这样并不利于科研成果的转化。因此，科研管理部门需要整合项目人员、方向，打破地域的限制，集思广益，实现资源的共享，推动科研成果的转化；在成果转化上，需要筛选出优秀的项目；需要建立监督和检查机制，确保创新成果转化立竿见影；制定相应的检测标准，让科研成果和市场相结合。

海南椰国在创新的道路上从未停止，海南椰国发明的压缩椰果专利的应用，使椰果储运费用可降低 90%，突破了椰果产业链条地域及空间条件的限制。此外，海南椰国又进一步加大产品的深层次开发，将目标瞄准了化妆品行业和医药行业等全新领域，由食品领域向非食品领域渗透和转移，延伸了椰子产业的产业链，提高了椰子的附加价值，使椰子产业得到了进一步的升级，同时也开辟了椰子新的应用领域和新的产业。

启 示

企业通过商业模式的创新和核心技术的创新都能获得创业成功，单纯的商业模式不属于专利法的保护客体，不能获得专利权的保护，所以好的商业模式很容易被巨头模仿和抄袭。巨头利用资金、规模、渠道等优势，可以瞬间占领市场，颠覆行业，而核心技术的创新，通过专利权的保护，可以形成行业壁垒防止竞争者入侵，企业创业的成功率要高于商业模式的创新。

资源是内生于技术的，不是什么给定的"禀赋"。通过这个案例可以看出，海南椰国的创始人由于掌握了获得国家发明奖的专利技术，将椰子水变"废"为"宝"，催生了一个全新的椰果产业，通过一项专利缔造了一个产业，正是科技创新驱动经济发展的典型案例。

39. 金象赛瑞：专利转化实施开启成功之门[●]

导 语

"一件专利改变了企业的命运"，这句关于知识产权的经典名言在四川金象赛瑞化工股份有限公司（以下简称"金象赛瑞公司"）得到了很好的验证。凭借在重要工业原料——三聚氰胺生产工艺上取得的创新性成果，金象赛瑞公司不仅大幅提升了三聚氰胺产量和质量，还帮助国内企业提升了三聚氰胺的总产能，占全球产能的70%以上，使我国成为名副其实的全球三聚氰胺生产第一大国。通过对公司所获得的中国专利奖专利的产业化，公司生产经营全面提质增效，开创了前所未有的新局面。

案 例

潜心研发　核心专利屡获奖

金象赛瑞公司，前身为眉山县氮肥厂，业务范围以生产化肥产品和化工原料为主。2003年经四川省商务厅批准，工厂整体变更设立为外商投资股份公司，并变更为现名称。2010年经

● 祝文明. 金象赛瑞：专利转化实施开启成功之门［EB/OL］．（2017 – 12 – 27）［2020 – 09 – 15］. http：//www. iprchn. com/cipnews/news_content. aspx？newsId = 104851.

重大资产重组后，金象赛瑞公司收购北京烨晶科技有限公司。由于北京烨晶科技有限公司在三聚氰胺生产方法、工艺上具有雄厚实力，金象赛瑞公司原有的三聚氰胺业务迅速崛起，成为行业的领头羊。目前，该公司已经形成以合成氨、硝酸、硝酸铵、硝基复合肥、尿素、三聚氰胺为一体的循环经济产业链。

金象赛瑞公司在三聚氰胺项目上历时 10 余年，研发投入近亿元，经过上千次调试、实验，成功开发出国内较先进的加压气相淬冷法的三聚氰胺生产技术，已成为国内生产三聚氰胺的主要技术之一，又被称为"节能节资型气相淬冷法"工艺。同时，金象赛瑞公司积极进行核心技术的专利申请与保护，以保护自身的创新成果。截至 2017 年，公司已累计提交专利申请 150 件，88 件已获授权。其中，核心专利"节能节资型气相淬冷法蜜胺生产系统及其工艺"（专利号：ZL201110108644.9）已在美国、日本、韩国、欧洲等多个国家和地区提交了专利申请，并全部获得授权。2014 年，该专利获得国家知识产权局和世界知识产权组织共同颁发的第十六届中国专利优秀奖。此外，该专利还先后获得中国氮肥工业协会技术进步特等奖、四川省科技进步一等奖和四川省专利一等奖。

金象赛瑞公司不仅在三聚氰胺项目上掌握核心技术，其另一件专利"一种加压中和生产熔融硝酸铵的工艺方法"（专利号：ZL200910058766.4）还于 2012 年获得了第十四届中国专利优秀奖。

厚积薄发　专利产业化创佳绩

基于核心专利的优势，金象赛瑞公司的三聚氰胺产量和质量迅速提升，成为全球范围内首家实现单条生产线三聚氰胺年产量达 5 万吨的企业，公司三聚氰胺年产量达 40 万吨，成为全球三聚氰胺生产龙头企业。同时，企业针对三聚氰胺生产工艺，与德国鲁奇工程公司（Lurgi）、山东联合化工等多家国内外知名企业签署了专利许可协议，每条生产线的许可费用达数百万元。

科技创新所带来的技术优势，不仅让企业在市场竞争中占据了主动，也改变了全球市场格局。我国三聚氰胺总产能快速增长，价格同步下降，导致原有的国外生产企业失去竞争优势，美国、德国、日本的多家企业最终关停了三聚氰胺生产线，直接使我国从三聚氰胺纯进口国变成出口国，并成为全球最主要的供应国。

创新带给金象赛瑞公司的改变是全方位的。除了在三聚氰胺项目上取得成功之外，公司在硝酸、硝酸铵、硝基复合肥、尿素等生产领域，也都投入很大力度进行产业技术研究，逐步掌握了核心技术，并开展了专利布局。目前，金象赛瑞公司已有产能包括合成氨75万吨、尿素74万吨、硝基复合肥195万吨、硝酸120万吨、硝酸铵52万吨、双氧水6万吨，成为国内硝基复合肥生产龙头企业。

启　示

目前化工企业普遍存在体量大、利润低、核心技术易流失、知识产权保护难的矛盾现象，导致企业创新动力不足，创新效益难以体现。如何运用专利提高创新收益，我们在金象赛瑞公司的案例中可以得到一些启示。首先，利用核心专利，把企业核心技术的创新点精确定位、扎实卡位，形成专利包及专利组合。随后，通过自行实施转化与专利许可的手段，将创新成果许可给行业企业使用，不仅实现企业自身的创新收益，还带动了行业的整体发展。

第五章　守财有法

——知识产权的保护

一、保护知识产权是企业的必修课

40. 黄梅挑花：从侵权人到维权人的转变❶

导 语

湖北省黄梅挑花工艺有限公司（以下简称"黄梅挑花"）成立于 2002 年，是黄梅县一家民营企业，主要从事黄梅挑花工艺品制作、半成品配件、十字绣布纺织等工艺生产。公司拥有黄梅挑花系列产品及"CMC""典雅""苏格兰情调"等三大知名品牌，部分产品出口美国、英国、韩国、俄罗斯及我国港澳台等国家和地区。在经历自有产品被控侵权事件后，公司痛定思痛，坚定走知识产权发展道路。经过不断努力，公司已成为湖北省知识产权示范建设单位、全国企事业知识产权试点单位。

案 例

无意侵权，惊醒梦中人

2007 年 9 月，举报人郑某某向国家反盗版举报中心举报称，其公司拥有著作权及专利权的原创动漫品牌——"招财童子"

---

❶ 从全国"侵权"第一人到每年申请 50 项专利 [EB/OL]. (2009 – 05 – 07) [2019 – 12 – 16]. http：//news. sohu. com/20090507/n263828011. shtml.

等系列作品，被黄梅挑花（及其辽宁省总代理）在其生产、销售的 22 幅"CMC"品牌十字绣产品中使用。郑某认为黄梅挑花公司的侵权产品在全国范围内大量销售的同时，还在公司网站中大肆宣传及展示，侵权情形严重，给其造成巨额损失。与此同时，郑某还委托辽宁省诚信公证处进行了网页证据保全。

湖北省版权局接到国家版权局反盗版举报中心的举报协查材料，经黄冈市版权局调查取证后查明，黄梅挑花生产、销售的 300 多个品种中有 14 种图案严重侵犯了原告的著作权，相关图案均未得到权利人的使用许可，也从未支付过报酬。

2008 年 1 月 4 日，湖北省版权局公布了行政处罚结果，责令黄梅挑花立即停止侵权，没收复制品，并处以罚款 6 万元。据了解，这起侵权案是全国反盗版举报中心成立以来结案的首起侵权案，也是全国开展加强非物质文化遗产保护活动以来的首起行政处罚案件。

吃一堑，长一智，迈出知识产权保护的第一步

侵权事件让黄梅挑花意识到，创新和保护知识产权是企业发展的必修课。2008 年 2 月，公司迈出了知识产权保护的第一步，选择了当时最畅销的图案"长平图"作为敲门砖，专门派人到湖北省版权局进行著作权登记。起初，由于不懂得著作权登记的条件与流程，材料不符合登记要求，公司相关工作人员前后花了三四个月时间依然没有登记成功。

在当地知识产权局的指导下，黄梅挑花发现自有产品非常适合用外观设计专利进行保护。更让公司兴奋的是，当地知识产权局为企业专利申请提供全程指导，且每件专利申请还可以申领专利资助，2009 年 11 月，黄梅挑花一次性申请外观设计专利 31 件，公司信心倍增。

公司后来还成立了知识产权部，建立了完善的知识产权管理制度，并把专利工作贯穿企业的技术创新以及生产、经营的全过程，黄梅挑花逐渐成长为具有较强设计能力与知识产权保护能力的现代化企业，不仅使企业的知识产权得到了有效保护，也给公司的广大代理商和加盟店注入了一剂强心针，极大地增强了客户与公司合作共赢的信心。

从侵权人到维权人，知识产权保护助力企业发展

2009 年以来，手握专利等知识产权利器，黄梅挑花先后多次向侵权单位发出专利侵权口头警告，在与侵权单位的沟通中，黄梅挑花得到了充分尊重。在淘宝网销售的过程中，黄梅挑花发现一些淘宝店铺销售的产品侵犯了公司的外观设计专利，为维护自身合法权益，企业联系淘宝网管理人员，向他们提供专利证书、发票等证据，在确认知识产权的合法性后，淘宝网对侵权的店铺做出了停止侵权、产品下架等处理，终止了侵权行为，挽回了公司损失。企业的理性维权，也给整个行业的有序竞争带来了新的思考。

启 示

从侵权人到维权人，黄梅挑花迅速转变观念，清醒地认识到知识产权保护的重要性。黄梅挑花的知识产权保护有几个方面值得中小企业借鉴：第一，不清楚如何保护知识产权时，可以积极寻求政府知识产权部门或者专业知识产权服务机构的帮助，选择合适的知识产权保护方式；第二，从顶层设计上重视知识产权保护，有条件的公司成立专门的知识产权部门，没有条件的企业可以建立知识产权管理制度，加强产品的知识产权保护，为产品的生产和经营保驾护航，增加客户和合作商的信心；第三，发现他人侵权时，除了专利诉讼的维权途径之外，还可以通过第三方平台，向其提供知识产权证书等证据理性维权，既能保护自身合法权益，又能营造理性有序的行业竞争氛围。

41. 华为：知识产权成就华为

导 语

华为在全球的扩张足迹，就是一部全球知识产权博弈史。从最初的被动挨打到如今的主动出击，华为启动的知识产权保护战略，为自身的全球扩张筑起了强大的"护城河"。同时，也为中国企业出征海外树立了知识产权规则运用的典范。

案 例

自 2015 年以来，专利大战在通信领域尤其是手机行业愈演愈烈。2016 年 5 月 25 日，华为宣布在美国和中国提起对三星公司的知识产权诉讼，认为三星公司涉嫌专利侵权，涉及侵犯其 4G 标准专利和智能手机相关的专利，数量多达 16 款产品，索赔金额高达 8000 万元。三星公司于 2016 年 7 月迅速予以反击，在北京知识产权法院起诉华为侵犯其 6 件专利的专利权，索赔 8050 万元。

诉讼是解决争议的最后方式，华为正是运用这种方式在全球范围内开展了一场"专利运动"。

早在 2010 年年初，华为向国家知识产权局提交了发明专利申请，用以保护"一种可应用于终端组件显示的处理方法和用户设备"的技术方案。该申请于 2011 年 6 月 5 日被授予发明专利权，受法律保护。此后，华为发现了三星公司的涉嫌侵权行为，三星公司销售的 16 款手机中的技术特征与华为之前申请的发明专利中的技术特征相对应。不只是对三星公司的控诉，随后华为就美国无线运营商 T - Mobile 的侵权行为也提起了专利诉讼。

业内人士普遍认为，国内企业对知识产权的认识愈发深刻，华为等厂商的专利诉讼案件正好反映出通信行业对知识产权的重视，也体现了国家对知识产权的保护在逐步加强。

通信领域竞争异常激烈，华为从一开始就非常注重技术创新，投入巨额资金用于专利研发，因此在专利储备上的实力非常雄厚。专利过硬，也正是华为敢于起诉同样身为手机巨头的三星公司的底气所在。

作为国内通信巨头，华为多年积累的专利必然要通过专利许可的方式变现，这一点与曾经的爱立信类似：2008 年以来，爱立信通过专利许可获得的收入已经接近 90 亿美元，而在将专利"变现"的道路上，华为才刚刚起步，还有很长的一段路要走。

启　示

华为诉三星案一改以往中国企业在专利竞争中被动"挨打"的局面，转为主动出击，给业界振奋鼓舞。对于行业领军企业，本案例有以下几个方面可以借鉴。

一是重视研发投入。华为近年来呈高速增长态势，很重要的原因在于持续高强度进行研发投资。2019 年，华为研发投入1317 亿元，占比销售收入的 15.3%，近 10 年累计研发投入超过 6000 亿元。华为已成为全球最大的专利持有者之一，截至

2019 年年底全球有效授权专利超过 8.5 万件，且 90% 以上是发明专利。厚积薄发，产生了大量高质量的知识产权。

二是重视专利"核保护伞"的储备。华为十分重视专利申请，特别是国际专利申请，主动积累核心知识产权。2019 年，华为以 4411 件 PCT 国际专利申请排名国内第一。欧洲电信标准化协会（ETSI）2019 年发布了全球 5G 标准核心必要专利数量排名，华为以 1970 件的专利数量拿下了第一。这些构成华为在国外提起专利诉讼的"核武器库"。

三是善于整合全球优势资源。华为立足开放式研发，在全球进行产业链布局，广泛吸纳国内外通信领域的创新成果，取长补短。同时也通过专利交叉许可的方式合法利用他人的先进技术，作为自主创新的重要补充。

42. 郑机所：靠什么赢得"专利暗战"？❶

导　语

2017 年，河南省郑州机械研究所（以下简称"郑机所"）再次中标成为海尔电器集团有限公司（以下简称"海尔集团"）钎焊材料的国内供货商。然而，两年前与美国 LKS 公司一场生动而残酷的专利"暗战"，仍不时地让郑机所紧绷着企业知识产权保护这根弦。

---

❶ 李建伟. 郑机所：靠什么赢得"专利暗战"？ ［EB/OL］. （2017 - 03 - 03）［2020 - 09 - 15］. http：//www. iprchn. com/Index_NewsContent. aspx？ newsId = 98162.

案 例

2014 年 4 月，海尔集团开始筛选拟定 2015 年度的全球采购供货商名录。这时，一封律师函送到了海尔集团，律师函中称：海尔集团目前正在使用的来自郑机所的新型钎焊材料涉嫌侵犯美国 LKS 公司相关专利权，如果继续采购使用，将面临专利侵权的法律风险。经过慎重考虑，海尔集团决定取消郑机所 2015 年度供货商招投标资格。

得知消息后，郑机所方面非常震惊，与海尔集团近 20 年、每年数千万元的供货"合作之船"，怎么因一纸律师函就"翻船"了呢？郑机所相关负责人立即带队前往海尔集团进行沟通。他们向海尔集团详述了郑机所取得的成绩和雄厚的科研实力：郑机所建所近 60 年，获得了国家高新技术企业、国家技术创新示范企业认定，拥有研究员 62 人、高级工程师 97 人、享受国务院特殊津贴专家累计 39 人，在国内累计申请专利 450 多件。同时，郑机所是国家钎焊专业委员会主任单位、行业标准牵头制定单位，拥有国内钎焊行业唯一一家国家重点实验室，自身产品质优价廉，完全不逊于进口产品，决不会侵犯美国 LKS 公司的专利权。

然而，这些解释并没有打消海尔集团对专利权纠纷的顾虑。郑机所后来找到一家专业的知识产权代理公司，由其组织公司法务部、战略研究部及代理部机械、化学领域的专利代理人对此进行分析评估。他们连续用了 3 周的时间，对美国 LKS 公司及其中国子公司在全球布局的几百件相关专利进行了检索，并对其在中国授权和可能授权的相关专利与专利申请的技术方案、保护范围及技术进行了对比，作出了美国 LKS 公司及其中国子公司在中国专利布局的分析报告。报告最后得出的结论是：在钎焊材料技术领域，美国 LKS 公司在中国布局了 3 件发明专利，而郑机所在该领域拥有 18 件专利，郑机所的产品及技术并未落入美国 LKS 公司及其中国子公司在中国布局的专利和可能授权的专利保护范围，不存在专利侵权风险。

2015 年 8 月，郑机所与美国 LKS 公司中国子公司进行了商业谈判。郑机所出示了 200 多页的美国 LKS 公司及其中国子公司在中国专利布局的分析报告，明确指出双方产品完全是不同的技术路线，郑机所并未侵犯美国 LKS 公司的专利，并且从双方专利技术方案和保护范围入手，与美国 LKS 公司的技术代表进行了激烈的辩论。海尔集团法务部门负责人最后要求美国 LKS 公司中国子公司代表对此作出解释，对方当时表示要打电话将会谈情况上报美国总部后，再作出最终的解释。然而，美国 LKS 公司始终没有对海尔集团进行答复。

最终，郑机所在海尔集团 2015 年度供货商招投标中再次中标。一直关注着此事进展的中国另外两家知名家电生产厂商青岛海信电器股份有限公司和合肥美菱股份集团公司看到郑机所在与美国 LKS 公司的"专利暗战"中胜出，也打消了其知识产权侵权疑虑，向郑机所伸出了"橄榄枝"——从 2016 年开始每年从郑机所采购价值上千万元的钎焊材料。

启 示

纠纷虽然已经解决，作为一家在钎焊材料领域拥有相当数量专利布局的企业，郑机所当初为何会在一纸律师函面前如此被动？面对业内竞争对手发出的知识产权侵权律师函，企业该如何保护自己？面对海尔的顾虑，郑机所最初只是通过展示自身的技术、人才、质量等方面的荣誉、研发实力来证明自己，却没有对 LKS 公司在国内的专利布局和技术路线进行分析检索以确认自身是否真正侵权，从而未能打消海尔集团对其是否构成专利侵权的疑虑。

专利制度在发达国家实行了几百年，跨国公司都深谙专利运营、进攻和防守的知识产权"游戏规则"。他们向客户发知识产权警告函，但通常并不指出具体侵犯他们哪几件专利的哪几项权利，这就让很多中国企业一头雾水，无从下手、无从应对。因此，即使国内企业拥有很多相关专利，如果不掌握知识产权的"游戏规则"保护自己，不懂得如何发挥自身专利的作用，最终结果还是被动挨打。美国、欧洲等国家或地区的企业无疑是知识产权规则应用方面的"鼻祖"，但是中国企业通过学习并掌握知识产权规则，完全可以青出于蓝而胜于蓝，郑机所在此次商务活动的先败后胜即证明了这一点。

二、有效维权帮助企业快速定分止争

43. 中国劲酒：联合行政执法助力企业快速打假维权

导 语

1996 年，湖北劲牌公司开发出了小方瓶中国劲酒，同时将方酒瓶容器申请了外观设计专利。小方瓶劲酒上市后，当年销售额达到 4000 万元，此后每年保持着 30% 以上的增长幅度。

"小方瓶"迅速畅销的同时，也成了国内许多企业眼中的"唐僧肉"。

案 例

一些酒企不仅在酒瓶外观上与"方酒瓶"一模一样，而且商品名称与"中国劲酒"几乎一致，例如，中国动酒、中国勤酒、中国轻酒、中国功酒等。劲牌公司曾统计，2001年，单是使用小方瓶生产"药酒""保健酒"的厂家就有188家，这些厂家大部分是作坊式小企业，其产品质量缺乏保证，但无情地瓜分了中国劲酒的市场份额，让劲牌公司蒙受巨大损失。自2001年起，劲牌公司多次请工商部门打假，先后向法院提起诉讼13起，但胜诉后总会遇到"执行难"的问题。后来，他们发现这样下去需要耗费大量的人力、物力、财力，200多家侵权单位，如果这样一家家去打官司再申请执行，永无尽头，公司将付出巨大的代价。

怎样才能有效地解决这一问题呢？通过一段时间虽胜犹败的维权实践，基于对我国知识产权保护司法和行政并行的"双轨制"的认识，劲牌公司清醒地认识到，在中国消费市场上单兵作战式的维权，无法达到预期效果，只有通过国家、省、市行政部门联合执法，才能快速地、全面地解决侵权问题。因此，劲牌公司大胆地向有关部门提出了跨地区联合行政执法的请求。

2004年7月中旬，劲牌公司邀请湖北、黄石两级知识产权部门管理人员一同到江西、湖南等地销售市场进行暗访。通过抽查，最后确定对11个省、市、自治区涉嫌侵权的24家企业提出维权执法请求。7月23日，根据劲牌公司的申请和建议，国家知识产权局在黄石组织召开了史无前例的跨地区联合执法研讨会。会上，劲牌公司对北京、吉林、四川、江西等 11 个省市区的 24 家涉嫌严重侵权行为的厂家提出了专利侵权纠纷调处请求。截至 2004 年年底，通过各地专利部门的细致调解和一年多的跨地区专利行政执法，涉及 11 个省、市、自治区的 24 起案件全部调处结案。

这一行动给劲牌公司带来的效益非常明显：2004 年，该公司小方瓶劲酒销售额达 6.5 亿元，比上年增长 23%；2005 年，销售额更是达 8 亿元以上，创造了年销数亿瓶的奇迹，小方瓶成了劲牌的代表标签。

经历这次跨地区联合行政执法后，劲牌公司坚定了知识产权保护的信心，以每年销售利润的 3% 投入知识产权的建设与维护，并将这项费用纳入企业成本预算，将知识产权保护贯穿新产品开发、新技术设计的全过程，融入企业研发、生产、营销等活动，与企业经营管理的各个环节密切配合。

启 示

一只小方瓶，何以劳得劲牌公司兴师动众，在漫漫维权路上走得风雨兼程呢？本案告诉我们，企业不仅要拥有自身的核心产品，而且要具备知识产权保护意识与能力，主动维权、善于维权。劲牌公司的维权之路给遭遇群体性、反复性侵权的企业带来诸多启示：一是利用好我国专利行政保护手段。专利行政保护手段相对司法保护来说，具有快捷、成本低、程序简单等优点，尤其在遏制群体性侵权案件方面效果明显。二是利用好跨区域专利行政执法的协同与合作机制。专利侵权行为"跨地域"趋势越来越明显，及时发现侵权，收集必要证据，通过国家、省、市行政部门联合执法，可以快速地、全面地解决侵权问题。三是树立大保护理念。知识产权保护不局限在专利行政执法部门之间的合作，更要和工商、质监、版权等其他行政执法部门协作，包括与司法部门的沟通，建立知识产权大保护机制。

44. 中航救生：专利防守反击赢得尊重

导　语

知识经济时代，拥有自主知识产权是企业的"进攻之矛"和"防守之盾"。尤其在一些特定领域，面对国外强劲的竞争对手，修炼内功在知识产权的"生产"上取得成果，是中国企业赶超国际对手的重要途径。墙基筑好，在此基础上才能利用知识产权优势，给予反击达到出奇制胜的效果。

案　例

位于湖北襄阳的中国航空救生研究所（以下简称"中航救生"）是我国唯一一所从事航空救生系统研究、设计、制造及试验的大型专业研究所。该所研制的火箭弹射座椅居国际四强，在航空领域拥有绝对地位。

"八五"初期，我国重视在湖北发展汽车工业。湖北省提出以二汽为基地组建百万辆汽车工业集团。当时中航救生研究所党委一致认为：汽车产业将是培育经济增长的一条新路子。他们发现轿车座椅与军用飞机座椅设计思想相通、工艺技术相近。轿车座椅调角器又是国家确定的 22 项汽车关键零部件之一，它虽看起来不起眼，但技术含量很高。当时我国对汽车座椅一直依赖进口，若能开发成功，市场前景必定看好。

然而，摆在他们面前现成的、风险较小的路有两条：一是高价购买国外成熟的专利技术，在国内组织生产；二是与国外大公司合作，在中国共同开发。他们分别向世界生产轿车座椅调角器的大公司去函、去电进行联系。可没想到，这些公司既不愿意合作开发，也不愿意卖技术给我国企业。显然这是在对我国实行技术封锁，研究所只有创造一切条件自己打技术攻坚战。

为了打好这一战，研究所召开了动员大会，特别强调：一定要注重知识产权保护，在研制开发中，不要侵犯别人的知识产权；产品出来后，一定要及时申请专利，防止别人侵犯我们的知识产权。

研究所成立了一支 5 人小分队，首先奔赴中国专利局进行专利文献检索，将当时世界上有名的轿车座椅调角器生产国家的专利文献全部检索出来带回襄阳。在攻克一系列关键技术难关后，他们终于在 1994 年 4 月成功试制出第一套轿车座椅调角器。他们立即向当时的中国专利局提出专利申请，1995 年 2 月获得专利权。该产品技术创新起点高，达到了 20 世纪 90 年代国际先进水平。由于技术 100% 实现了国产化，价格仅为进口产品的 1/3，成功打破了多年来国外对我国的技术封锁，替代了进口产品，填补了国内产业的空白。中国自主研制出轿车座椅调角器的消息也震惊了世界，许多大公司立即纷纷放下架子，来电、来函寻求合作意向。

没想到的是，1996 年年初，当中航救生研究所的调角器与一汽大众集团配套时，大众集团的外方代表声称研究所的调角器侵犯了他们的专利权。为此，中航救生会同一汽大众检索了大众集团外方公司所有的有关调角器的专利申请文件，结果发现该外方公司并未在中国申请专利。在事实面前，外方不得不低头。中航救生和外方的专利纠纷到此结束，不仅如此，中航救生还赢得了外方的尊重，并与对方达成了相关的订货协议。

启　示

在当前国际贸易纷争激增的背景下，本案例有以下几点经验值得借鉴：一是企业关键核心技术的突破要摒弃幻想靠自己，自主创新，自力更生，敢于攻坚克难，这样企业才能突破竞争对手的技术封锁，掌握核心技术；二是企业要重视专利布局和规划，在产品研发前进行专利检索，确保在不侵犯他人专利的基础上申请专利，保护自主知识产权，有效避免专利侵权纠纷；三是企业遇到专利侵权质疑或纠纷时，要敢于举起专利的盾牌，利用法律武器维护自身权益。

45. 格力：运用专利武器，追索巨额赔偿[❶]

导　语

珠海格力电器股份有限公司（以下简称"格力"）成立于

---

❶　姜旭. 格力诉奥克斯专利侵权案开庭审理索赔 4000 万元 ［EB/OL］.（2017－11－17）［2020－09－15］. http：//www. iprchn. com/cipnews/news_content. aspx？ newsId = 104011.

1991 年，20 多年间，完成了从小厂到国际化家电企业的成长蜕变。格力非常重视知识产权，从 2005 年成立知识产权办公室，到如今建立全流程知识产权管理系统，为自己的全球扩张筑起了强大的"护城河"。同时，格力还具有很强的维权意识，当知识产权受到竞争对手侵犯时，果断拿起法律武器维护自身的合法权益，挽回经济损失，维护行业竞争秩序。

案　例

2016 年，格力向广州知识产权法院提起诉讼称，宁波奥克斯空调有限公司（以下简称"奥克斯"）与广州晶东贸易有限公司（以下简称"晶东公司"）生产、销售、许诺销售的 8 个型号空调产品，涉嫌使用了格力一件名为"一种空调机的室内机"实用新型专利的专利技术，上述技术落入了涉案专利的权利要求保护范围，涉嫌构成专利侵权，请求法院判令二被告立即停止侵权，奥克斯赔偿经济损失及合理费用合计 4000 万元。

被告奥克斯辩称，涉案专利权已经被国家知识产权局专利复审委员会宣告部分无效，因该专利权处于不稳定状态，法院应当驳回原告起诉或中止本案审理；奥克斯生产的被诉产品所使用的技术未落入原告的专利权利要求保护范围，不构成侵权。该案的争议焦点是被诉产品所使用的技术方案是否落入原告专利权保护范围以及原告索赔 4000 万元能否成立。

广州知识产权法院分别于 2017 年 10 月 10 日及 11 月 16 日对案件进行了公开审理，且为了比照及确定涉案空调的技术细节，法庭对相关空调产品进行了现场拆卸比对。2018 年 4 月 24 日，广州知识产权法院作出一审判决，认定奥克斯空调产品侵犯了格力电器 3 件实用新型专利，判决奥克斯赔偿 4000 万元，并要求奥克斯于判决发生法律效力之日起立即停止制造、销售涉案产品，并立即销毁库存侵权产品及制造侵权产品的专用模具。

然而，该案件并未就此完结，奥克斯随后进行上诉。2019年8月，广东省高级人民法院作出二审判决，维持一审原判，但奥克斯又提起执行异议。2020年3月，广东省高级人民法院驳回异议，宣布维持原判，终审裁定宁波奥胜贸易有限公司（原宁波奥克斯空调有限公司）恶意侵权成立，赔偿珠海格力电器股份有限公司4000万元。

这是迄今为止家电领域判赔数额最高的生效判决，被称为"家电行业最贵侵权案"。判决犹如一记警钟，警醒企业自主创新的同时也要尊重他人的知识产权，恶意侵权必将付出高昂的代价。

格力之所以胜诉，1件专利号为ZL200820047012.X的实用新型专利发挥了最为有力的作用。该专利是格力于2008年4月25日向国家知识产权局申请的"一种空调机的室内机"实用新型专利，2009年5月20日获批授权。该专利的优势在于室内机底壳、接水槽、引水槽一体成型，不仅减少了零件数量和装配工序，同时也加强了密封效果。

对于空调来说，室内机与外挂机是最普遍也是最基本的组合。因此其创新主要集中于两方面：或是追求转化为一体机，或是要在室内机或外挂机上下功夫，其中包含对结构或者制热制冷技术的创新等。格力的该项创新技术即是对室内机进行了优化，在其申请专利获批之后，奥克斯未经许可就使用同样的技术方案对相关产品进行生产销售，侵犯了格力的实用新型专利权。

启 示

日用家电行业的产品创新思路相差无几，谁率先进行知识产权保护就可以抢先占领市场。相反，企业即使拥有先进的技术，如果未能及时申请专利，或者专利申请漏洞太多、容易被规避，让竞争对手可以轻易模仿出来，将会失去市场先机。格力的 1 件实用新型专利让奥克斯付出了 4000 万元的赔偿代价，知识产权保护的重要性不言而喻。因此，其他企业可以借鉴格力的经验，重视科技研发并及时进行专利保护，构建"技术堡垒"。在产品被竞争对手跟踪与模仿时展开知识产权维权，保护自己的合法权益，巩固自身的行业地位。

46. 梅花伞业：斥资百万元打"李鬼"，打赢商标跨国保卫战

导 语

中国加入 WTO 以后，越来越多的企业走出国门，参与国际竞争中。与此相伴，越来越多的跨国企业通过设置贸易和知识产权壁垒，限制我国企业的海外发展。中国企业的海外维权必须要未雨绸缪，尽早进行知识产权战略部署。

案 例

梅花伞业股份有限公司（以下简称"梅花伞业"）位于素有"中国伞都"之称的福建省晋江市东石镇，历时 3 年，终于在西班牙赢得了"SUSINO"商标跨国保卫战。这一战赢的不仅是商标之争，更是赢得了至关重要的欧盟市场。

梅花伞业成立于 1995 年，2007 年发展成为国内首家上市的晴雨伞企业。"梅花 SUSINO"系列产品不仅畅销国内各地，而且远销俄罗斯、美国、西班牙等 100 多个国家和地区。早在 2003 年，梅花伞业就进军欧盟市场，经过 3 年的耕耘，"SUSINO"品牌系列产品在欧盟多个国家获得市场的认可。然而，就在梅花伞业打算在欧盟大显身手之际，半路却杀出个程咬金——2006 年 5 月，"SUSINO"商标被西班牙一雨伞生产企业在欧盟抢先注册。其抢注"SUSINO"商标并非为了高价转让给梅花伞业，而是为了阻碍梅花伞业在欧盟市场的发展。

此后，梅花伞业便在异国他乡展开了一场"商标保卫战"。从 2010 年起，梅花伞业共斥资百万元，历时 3 年，对已被抢注的商标在伞和阳伞类别上提出撤销申请，并最终获胜。

事实上，这并非梅花伞业首次在海外进行维权。2007 年 12 月，梅花伞业的"SUSINO"品牌在美国就曾被助其开拓美国市场的中间人以自己的名义抢注。经过 4 年的努力，美国抢注人最终与梅花伞业达成和解，将"SUSINO"商标转让给梅花伞业。

梅花伞业的这两场商标跨国保卫战，皆因其他企业恶意抢注商标的行为而起。尽管最后恶劣影响得以消除，但是其间耗费了巨大的财力和精力，阻碍了企业"走出去"的发展进程。梅花伞业从这些案件中吸取教训，先后投入了100余万元，在西班牙、美国等120多个国家和地区进行了商标国际注册。

启　示

本案凸显了知识产权海外维权的重要性，给我们两点启示。

一是企业着手实施知识产权战略要趁早。特别对于有志于开拓国际市场的企业而言，针对自己的进口来源地和出口市场，均要进行知识产权的申请和布局。在建立一个品牌之初，就要实施商标战略，不要等到市场已经成熟，对手有机可乘时，才考虑商标的申请。案例中梅花伞业尽管通过自己的努力，拿回了属于自己的商标，但毕竟是花费了巨大的成本，对企业国际业务的开展也带来了不利影响。

二是企业在开拓国际市场的过程中，要充分了解并利用现有的国际知识产权保护规则。例如，在本案中，通过《商标国际注册马德里协定》，国内企业在提交国内申请后，可以通过国家商标局向国际局提出申请，要求获得申请人指定的国家的商标保护，既提高了效率，又降低了费用和成本。一旦发现自己的商标在市场所在国被恶意抢注，应尽早提出商标撤销程序，避免给自己的市场开拓造成损失。

47. 深圳朗科：亮出知识产权利剑，维护企业海外权益❶

导 语

深圳市朗科科技股份有限公司（以下简称"朗科公司"）成立于 1999 年，当年便研发出了全球第一款 USB 闪存盘，并向国家知识产权局提交了 1 件名为"用于数据处理系统的快闪电子式外存储方式及其装置"的专利申请。2002 年 7 月 24 日该专利获得授权。2004 年 12 月 7 日，上述专利的同族专利在美国获得授权（美国专利号：US6829672）。因为该专利，朗科公司与竞争对手美国必恩威科技股份有限公司（以下简称"PNY公司"）发生了长达 12 年的专利纠纷。得益于周密的专利布局，朗科公司最终取得了这场持久战的胜利。

案 例

2018 年 7 月 30 日，朗科公司发布公告称，其于 7 月 28 日收到了美国新泽西州联邦地区法院签发的《最终裁决书》，裁定 PNY 公司应向朗科公司支付专利许可费及利息共计 771 万余美元。至此，双方这起长达 12 年的专利纠纷终于告一段落。

---

❶ 冯飞，李思靓. 国产闪存技术厂商打赢海外专利诉讼［EB/OL］.（2018 - 08 - 15）［2020 - 09 - 15］. http：//www. iprchn. com/cipnews/news_content. aspx? newsId = 110039.

从诉讼到和解，再从和解到仲裁，朗科公司此次维权经历了前所未有的曲折路程。2006年2月，朗科公司向美国法院起诉称，PNY公司侵犯了其第US6829672号美国发明专利权，要求对方立即停止侵权行为，并赔偿经济损失。在该案判决前，PNY公司与朗科公司达成庭外和解。2008年2月11日，双方签署了和解协议。协议规定，朗科公司授权PNY公司实施包括第US6829672号专利在内的一系列专利，美国PNY公司向朗科公司缴纳专利许可费。

但是在和解协议履行过程中，朗科公司认为PNY公司违反了约定。对此，朗科公司针对PNY公司的违约行为向美国新泽西州联邦地区法院提起了仲裁。2018年7月28日，朗科公司收到的《最终裁决书》裁定PNY公司应继续向朗科公司提交专利许可费，并按照2017年10月6日的《部分最终裁决书》以及和解协议的内容向朗科公司支付专利许可费及利息771万余美元。

至此，这起曲折的维权之旅才算是画上了句号。

朗科公司的涉案专利究竟是何技术，为何能取得胜诉？这要从朗科公司研发的第一款闪存盘和第一件专利说起。

1998年，朗科公司创始人研发出了一种全电子式闪存外存储方法及其装置，并于1999年11月14日提交了专利申请，2002年7月24日获得授权。相比之前常用的软盘，该专利技术生产的闪存盘具有容量大、存取速度快、体积小、即插即用、不易损坏等诸多优点，其填补了我国在计算机移动存储领域的技术空白，是我国在该领域的核心和基础专利，具有较高的市场和经济价值。

随后，朗科公司围绕上述基础专利建立了一个移动存储领域的专利池，产品覆盖闪存盘、手机、数字音视频播放设备、电视机、数码相机、闪存卡、固态硬盘、GPS 导航仪、汽车电子等数码电子产品。此外，朗科公司不断拓展闪存盘的应用功能和应用领域。

涉案专利与美国第 US6829672 号发明专利属于同族专利，作为朗科公司的首件专利，其不仅是朗科公司的核心技术，同时也是闪存盘和移动存储领域的基础性专利，移动存储领域的有关产品很难避开这一专利技术。

在与 PNY 公司的专利诉讼中，朗科公司之所以能够获得胜诉，得益于该公司对技术创新和专利布局的重视。自成立以来，朗科公司围绕闪存技术储备了一系列专利，建立了该领域的专利池，并针对专利池开展专利运营，以发挥专利的最大价值。

启 示

我国企业进军海外市场的步伐不断加快，与海外企业之间的摩擦也不断增多，知识产权诉讼成为双方开展竞争的主要手段之一。朗科利用仲裁程序获得胜利，启示我们：企业遇到海外纠纷时不妨尝试利用仲裁或调解程序等替代性纠纷解决方案来解决知识产权纠纷，如利用仲裁方式解决知识产权许可合同纠纷、知识产权侵权纠纷和知识产权有效性纠纷等问题。相比专利诉讼程序，仲裁和调解程序所需要的时间也更短，也不需要付出高昂的经济代价，调解甚至还可以使企业之间继续保持良好的合作关系。

三、善用知识产权助力企业扬帆海外

48. OPPO：专利"武器"护体，扬帆海外市场❶

导 语

自 2016 年以来，OPPO 广东移动通信有限公司（以下简称"OPPO"）的海外专利布局不断加大。截至 2020 年 3 月，OPPO 在全球提交的专利申请已超过 4.3 万件，其中全球授权数量超过 1.6 万件，这既是 OPPO 技术创新成果的体现，也为其征战海外市场打牢了基础。

案 例

2018 年 6 月，当世界杯进行得如火如荼之时，OPPO 在巴黎卢浮宫发布了由巴西球星内马尔代言的 Find X 手机，可谓赚足了各界眼球。大大吸睛的不仅是 OPPO 探索未来手机形态的全新尝试，还有 OPPO 进军欧洲市场的壮志雄心。OPPO 从此前差点在印度市场专利折戟，到如今面对欧洲市场的闲庭信步，

---

❶ 刘仁. OPPO 出征海外，专利"武器"随身 [EB/OL]. （2018 – 06 – 29）[2020 – 09 – 15]. http：//www.cn12330.cn/cipnews/news_content.aspx？newsId = 109042.

这中间到底经历了什么？

数量布局，2.6 万件专利申请保护创新

随着 OPPO 研发水平的不断提升，其专利申请量也呈现逐年增长的趋势。OPPO 的专利申请量从 2013 年开始逐年增长，仅 2017 年国内发明专利申请量就超过 5000 件，专利授权量更是达到 1200 件。截至 2020 年 3 月，OPPO 全球专利申请量超过4.3 万件，全球授权数量超过 1.6 万件。其中，发明专利申请数量超过 3.8 万件，在所有专利申请中占比 88%。全球专利申请中 OPPO 共完成超过 3000 族 5G 专利申请，AI 领域的全球专利申请超过 1900 件；影像专利全球申请超过 6100 件，授权超过 2000 件；同时在快充领域，OPPO 专利全球申请超过 2700件，累计授权超过 1100 件。❶

"充电 5 分钟，通话 2 小时。"很多人可能是通过这句广告语了解了 OPPO 的技术创新，它也一度让 OPPO 手机打上了"快充"的标签。这项 VOOC 闪充技术由 OPPO 自主研发，采用了智能全端式五级防护，可以将充电速度提升 4 倍以上，目前已成为手机领域最快最安全的手机充电技术。

为了解决手机用户快速充电的需求，OPPO 很早就投入大量资本和人力专门从事快速充电技术的研究，并成立了快充技术研究团队，在快充技术领域进行了大量的专利布局。了解用户痛点，满足核心需求是 OPPO 做产品的理念，也是 OPPO 技术研发的出发点和着力点。

以专利促创新，以创新赢市场。为了不断推出让用户惊艳

---

❶ 2019 年全球国际专利申请排名：OPPO 从第十七上升到第五，华为第一 [EB/OL]．（2020 – 04 – 17）［2020 – 07 – 28］．https：//www. sohu. com/a/388508600_166680．

的产品，OPPO 高度重视技术研发，迄今已在全球设立六大研发中心，汇集了多国优秀的技术研发人才。随着 OPPO 不断征战东南亚、非洲以及欧洲市场，其海外的专利布局也在不断完善。OPPO 布局的 4.3 万件专利申请分布在中国、美国、印度、韩国、日本和欧洲等多个国家和地区。除了加大自主研发外，OPPO 还通过专利收购等方式，不断增强自身的知识产权实力。

质量取胜，布局"专利包"提升质量

OPPO 不仅在专利申请数量上名列前茅，对于专利质量也同样把控严格。除了通过设立奖励制度对能够形成技术壁垒的高质量专利进行奖励外，OPPO 从研发源头、专利申请文件撰写到内部审核，形成了一套促进专利质量提升的有效机制。

专利质量与公司的研发投入实力息息相关，OPPO 格外注重满足用户核心需求和解决消费者痛点等方面的技术研究，并对此进行了大量的技术投入，从而在研发源头保障创新质量；在专利申请阶段，公司知识产权部门会针对发明人提出的技术创新点进行相关的专利检索和扩展，并将相关技术点串联起来形成"专利包"，以便于从多个角度加大对创新技术的保护。在专利申请文件撰写过程中，公司建立起内部审核机制，通过定期抽检、审核等，保证专利申请文件的撰写质量。

近年来，国产手机纷纷推出"刘海屏"手机。全面屏不只是外观上的设计创新，还涉及诸多设计以及制造工艺上的难点，如如何放置听筒、前置摄像头，以及如何解决正面指纹识别等。OPPO 早在 2017 年 1 月 9 日就提交了关于"刘海屏"的外观设计专利申请，包括半长方形、半椭圆形、半圆形和半弧形等，并于 2017 年 9 月 29 日获得授权。截至 2018 年，公司不仅拥有

"刘海屏"的外观设计"专利包",还围绕"刘海屏"相关配套技术,布局了超过 100 件专利的"专利包",核心技术涉及器件堆叠、显示交互技术等。

全面保护,运用防御型战略保障运营

OPPO 成立了专门的知识产权部,除了负责公司的专利申请、商标注册和版权登记业务以及知识产权谈判和相关诉讼等,还负责公司产品开发过程中的知识产权风险排查,以及应对反不正当竞争和反垄断等知识产权风险。公司拥有较为雄厚的技术积淀,建立了较为健全的管理体系。OPPO 的知识产权战略主要用于"保障公司业务在全球范围内的运营安全",属于防御型知识产权布局。

如今,OPPO 已正式进军欧洲市场。OPPO 一方面专修内功,几年前就已开始在欧洲提交专利申请,并通过购买专利等方式,完善专利布局;另一方面外求合作,通过与相关企业开展合作协商的方式,共同应对、解决专利问题。OPPO 有足够的信心通过专利布局为自身业务在全球范围内安全运营保驾护航,赢得关键市场的竞争。

启 示

手机领域竞争激烈,海外市场知识产权风险巨大。OPPO 之所以能够在欧洲打开市场,核心在于重视自身的专利积累,并且不断加强对前沿技术的投入和探索。通过在手机电池、工艺设计等方面加强研发,在 VOOC 闪充技术、5G 通信标准、影像和人工智能等领域积累了一大批高质量专利,并确定了与企业总体发展战略相适配的专利布局方式。同时,OPPO 通过海外收购专利,构建了专利"护城河",保障了其产品的市场自由。企业进军海外市场应未雨绸缪，高度重视研发，加强知识产权布局，保护自身产品在国际市场上的运营自由。

49. 固润科技：专利先行敲开海外市场大门

导 语

知识产权的保护是企业在国际竞争中不可忽视的重要筹码，而这恰恰是不少中国企业的短板。而湖北固润科技股份有限公司（以下简称"固润科技"）在这一领域走在了前列，在海外市场扩张过程中利用"专利先行"的策略，及时将技术成果变成了受法律保护的专利，从而成功地敲开了国际市场的大门。

案 例

提起固润科技大家可能会感到陌生，但是只要一介绍它的产品，大家就知道它的不可或缺。例如，在装修时墙上或家具上的油漆，为何风干速度如此之快？这是因为油漆内含有快干成分——光引发剂。同时，不少时尚女孩喜欢做美甲，美甲店将五彩缤纷的指甲油涂在顾客指甲上，用灯光一照，指甲油立刻就干了，这也是因为指甲油里添加了光引发剂。而固润科技就是光引发剂的原材料新型 UV 光引发剂、阳离子光固化单体及低聚物的专业生产商。

固润科技的创始人起初在荆门经营化工厂，一直注重技术创新和研发，并且与北京师范大学开展产学研合作，积累了不少技术资本。在攻克光引发剂的技术难关后，他便筹建成立了固润科技，同时着手研发光引发剂系列产品。创办固润科技后，他一如既往地重视专利产品的研发和保护。2013 年 11 月，固润科技以公司为总部，引进中国科学院院士并以此设立院士专家工作站。研发团队中除了院士外，还有北师大博导、教授等 3 人，以及武汉工程大学化学与制药学院院长等专家。截至2014 年，该公司核心技术已获得国家专利 13 项。

在牢牢占据国内市场之后，固润科技开始向国际市场进军。作为光固化行业的重要组成部分，高性能光引发剂市场前景广阔。但我国光固化材料行业起步晚，绝大部分高性能的光引发剂均依赖进口。

为了打破国外市场的垄断，特别是欧美日对乙烯基醚类阳离子单体产品的技术垄断，固润科技有针对性地研发出国外市场急需的特种乙烯基醚类阳离子单体，并采取"专利先行"的策略。在新产品开发初期，就在国外及时申请了拥有自主知识产权的特种单体结构和合成路线等国际专利。这种特种乙烯基醚类阳离子单体研发成功后，通过专利保护打破了国际技术壁垒，同时也打破了国外对该类产品的垄断，并填补了国内技术空白。由于新产品价格只有进口产品的1/3，因此，固润科技的产品轻松敲开了国际市场的大门，出口至美国、日本、韩国、巴西等地。

启 示

固润科技注重技术创新和研发，成功敲开国际市场大门的案例表明了"专利先行"策略的重要性。然而我国很多企业还未意识到"专利"这个敲门金砖的价值。这里对这些企业支几招。

招式一：找到具有核心竞争力的产品，围绕创新链和产业链做好创新成果专利化工作，重视专利数量和质量提升，强化品牌优势。

招式二：善假于物，通过设立院士专家工作站等借力行业领域最优秀智力资源支撑企业持续创新，打破海外技术封锁和垄断。

招式三：开拓海外市场，专利先行，提前做好海外目标市场国的专利布局工作，有效防范海外知识产权风险。

50. 美的：收购东芝 5000 项专利打入东南亚市场

导　语

对于现代企业而言，企业的价值不局限于企业本身的固有财富，还包括知识产权带来的无形价值。因此，企业在技术引进、合作、交易过程中可以针对合作对象展开相关专利技术的尽职调查，这样可以更好地掌握合作方的专利情况，降低合作风险，还可以通过收购的方式将合作对象的知识产权转移到自己手中，快速增强企业的实力及核心竞争力。

案　例

美的集团（以下简称"美的"）是一家以家电制造业为主的大型综合性企业，具有完善的供应链体系、丰富的规模化生产经验；东芝公司（以下简称"东芝"）是日本最大的半导体制造商，具有先进的生产制造能力、专利技术和工艺水平。2016 年 3 月 30 日，美的与东芝正式签约，其以约 537 亿日元（约 4.73 亿美元）收购东芝家电业务主体——东芝生活电器株式会社 80.1% 的股份，东芝保留 19.9% 的股份。美的和东芝的"联姻"可谓双赢，双方各有优势，彼此的供应链网络以及渠道优势，有助于产品在全球市场上推广，形成优势互补。美的成功收购东芝绝大部分股权对美的有着重要影响，东芝的品牌影响力、专利技术和渠道优势等对美的打入日本及东南亚市场起着至关重要的作用。

然而，东芝并没有放弃家电品牌的生产和销售。合作方案显示，东芝将继续开发、制造和销售东芝品牌的白色家电。美的可在全球范围内使用东芝家电品牌，许可期限为 40 年。此外，美的通过专利稽核，受让了东芝超过 5000 项专利技术，对其现有专利是一次显著的扩容。这些专利主要分布在日本、美国等海外市场，包括 DD 电机及变频控制专利、冰箱隔热板专利等，极具含金量，同时也增加了美的在海外专利布局的厚度，帮助美的在国内、国际市场的竞争中占据更主动的地位，拥有更强劲的竞争力。

美的收购东芝白色家电，一个原因是美的加快海外布局，借助东芝在海外市场的渠道以及营销网络的布局，加速美的的国际化；另一个重要原因则是美的看重东芝家电成熟的专利技术，可以弥补美的在核心技术上的空白，提升美的的制造能力和水平。

启 示

国际市场瞬息万变，国内企业发展到一定阶段向海外扩张时，快速高效的专利布局极为重要。除了依赖企业自身的技术创新之外，企业并购和专利收储不失为一种有效的选择。此案例中的并购和专利收购，一方面使美的能快速填补企业专利空白，得到相应的技术支撑，另一方面有利于缩短企业产品进入国际市场的时间，确保企业在短时间内获得海外通行证，从而大大加速企业的国际化进程。

51. 镇江香醋：商标保护助力企业走出去●

导　语

在以"肴、点、面"而闻名的镇江地区，当地人的餐桌上有一种必不可少的调味品——镇江香醋。镇江位于长江三角洲的顶端，特定的地域环境为酿制镇江香醋提供了天然的条件。镇江香醋所采用的固态分层发酵生产技艺，凝聚了中国古老酿醋技艺中的精华，在中国酿醋业独树一帜。凭借独特的风味，镇江香醋跻身中国四大名醋。如今的镇江香醋，不仅深植于很多镇江人对家乡的记忆中，更香飘海外、享誉国际。它的背后，是制醋人的创新热忱、监管者的殚精竭虑，也是镇江醋业协会对海外商标布局的远见卓识。

● 吴珂. 镇江香醋：千年传承，历久弥新［EB/OL］.（2019－07－23）［2020－09－15］. http：//www. iprchn. com/cipnews/news＿content. aspx？newsId＝117432.

案 例

集体商标治乱象

如何买到正宗的镇江香醋？在十几年前，这个问题深深地困扰着来到镇江的游客。当时镇江有 80 余家醋厂，很多厂家以次充好，用工业冰醋酸勾兑的醋冒充镇江香醋，大大损伤了镇江香醋的口碑，对镇江整体醋业的发展十分不利。

这一乱象最终迎来了爆发。2004 年 12 月，中央电视台"每周质量报告"栏目对镇江部分食醋企业使用大米冒充优质糯米加工劣质食醋、使用冰醋酸勾兑酿造食醋等现象进行曝光，全国诸多媒体作了转载报道，一时在镇江引发了轩然大波。随即，镇江市委召集市质监、工商、经信、公安、卫生等多个相关部门，成立工作小组，集中整治镇江醋业行业乱象。经多方探讨，镇江市决定通过注册地理标志集体商标加以保护。市政府发布《规范镇江香（陈）醋生产流通秩序工作方案》，成立镇江市醋业协会，明确其为申请注册地理标志集体商标主体，并成立工作领导小组配合开展注册工作。2007 年 5 月，镇江香醋地理标志集体商标获准注册。

围绕地理标志商标的使用，镇江市形成了以镇江市醋业协会牵头，恒顺集团等龙头企业为主体，带动众多中小制醋企业集群化发展的模式，有效地规范了镇江香醋的生产。目前，已有 22 家企业获准使用镇江香（陈）醋集体商标。

商标布局"走出去"

镇江香醋的地理标志商标的布局，大大提升了镇江香醋的产品形象，增加了镇江香醋的竞争力，同时产品品牌的成功推广，进一步提高了镇江香醋的知名度。如今，镇江香醋已经外销 50 多个国家和地区，供应海外 160 多个国家和地区。

其实，早在 2010 年，镇江香醋商标就遭遇过一次抢注。2010 年 6 月，镇江市醋业协会得到信息：一名韩国人向韩国特许厅提交了"镇江香醋"中文、韩文的商标注册申请，韩国特许厅已受理注册申请并公告，如果韩国"镇江香醋"商标注册成功，镇江香醋将无法出口韩国，如果商标所有人再进行领土延伸或单一国家注册的话，镇江香醋将失去所有商标注册国家和地区的市场。仅一天后，镇江市醋业协会、镇江市工商局紧急汇报当时的国家工商总局，镇江市醋业协会在专家的指导下，于公示期届满前提起商标异议。最终，韩国特许厅支持了镇江市醋业协会的异议请求。通过这件事，镇江香醋从业者们深刻领悟到商标的国际注册对行业发展的深远影响。

随后，镇江市醋业协会立即开展镇江香醋出口前景的预测工作，将镇江香醋商标在美国、加拿大、韩国、澳大利亚等 10 个国家进行了国际注册，并向海关总署申报知识产权保护备案。与此同时，镇江市醋业协会积极参与中国—欧盟地理标志产品的双边互认互保工作。目前镇江香醋作为中欧互认互保的首批中方十个地理标志产品之一，又是具有中国传统文化特色的产品，受到中欧双方高度关注，在欧盟 27 个成员国内获得保护，享有与受欧盟地理标志保护产品同样的专门保护待遇。

启　示

随着我国企业品牌的发展壮大，不少企业开始向国外进军，但随之而来的是品牌与商标在海外频频被抢注，或者屡屡遭遇商标狙击，企业最终因商标诉讼纠纷而被迫放弃市场。镇江香醋在出口过程中也遭遇了商标被抢注的情况，最终通过积极维权赢回了商标使用权。这给我国企业的启示在于："走出去"过程中要充分布局出口产品与技术的商标、专利等知识产权，了解商标领域的国际游戏规则，将知识产权风险降到最低，同时可以依托行业协会解决海外商标注册与维权问题，建立商标海外侵权预警和应对制度，提升整个行业的海外知识产权风险防控能力。

52. 科隆集团：高价值专利增底气，企业迈向海外发展新时代[1]

导 语

高价值专利首先要能够经得起市场的考验，能为企业创造实实在在的价值。从对知识产权一无所知到斥巨资投入研发提交专利申请；从名不见经传的街道小工厂到业务遍及全球的大型高科技企业；从生产单一产品到拥有新能源、制冷系统及配套、智能环保装备三大产业的现代企业。河南科隆集团有限公司（以下简称"科隆集团"）正是凭借着高价值专利的创造与运用，迈向企业海外发展的新时代。

---

[1]　李倩. 专利价值增底气，知识产权赢未来［EB/OL］. （2017 – 11 – 09）［2020 – 09 – 15］. http：//www. iprchn. com/cipnews/news _ content. aspx？newsId = 103808.

案 例

走进位于河南省新乡市的科隆集团，办公楼内的"专利墙"尤为引人注目。科隆集团将获得的专利证书以及其他荣誉等悬挂于醒目的位置，就是要彰显知识产权的价值，激励员工进行发明创造。

科隆集团发明的旋翅冷凝器主要用于大容量风冷冰箱，代表着冰箱冷凝器的未来发展方向。2016 年，科隆集团下属的河南科隆电器有限公司计划在墨西哥投资建厂，生产旋翅冷凝器，销往美国。科隆集团深谙做好知识产权功课，是企业"走出去"前的重要一环。于是，科隆集团在新乡市知识产权局的支持下，提前开展专利信息检索和海外专利布局。

结果让科隆集团大吃一惊：一家韩国公司拥有了旋翅冷凝器的核心技术专利，并早已在韩国、美国、欧洲等国家和地区进行了专利布局。经慎重考虑，公司决定紧急叫停墨西哥投资项目，转移到欧洲的罗马尼亚建厂。同时，专家团队建议规避该韩国企业的专利并对技术路线进行改进。科隆集团在消化吸收现有技术的基础上进行再创新，提交了"一种多层空间结构的螺旋百叶窗冷凝器"等 8 件国内外专利申请。后来，科隆集团在罗马尼亚一期投资 3000 万元项目顺利进行，每年可生产 400 万台无专利风险的冰箱冷凝器和蒸发器产品，年销售额近亿元。

如今的科隆集团已是全球性的制冷配套件制造商，强大的科研实力与高价值专利为科隆集团铺就了一条赢得市场竞争之路。该集团是 17 家世界 500 强企业的战略供应商，参与制定了 5 项国家标准、10 项行业标准。科隆集团的产品销往 20 多个国家和地区，是惠而浦、伊莱克斯、博世、西门子、GE、海尔、海信、三洋等行业领先家电品牌的指定供应商。

自主创新对于一家高科技创新型企业的重要性不言而喻。科隆集团年均投入的研发费用占销售收入的3%以上，每年拿出不低于100万元对创新成果进行奖励。另外，科隆集团还与清华大学等著名高校和科研机构密切合作，形成了"科研—生产—市场"的运作模式，累计开发新品数千种，投产率达90%以上。截至2017年，科隆集团拥有中国专利199件，其中发明专利41件。

启 示

依靠科技创新，借助高价值专利，企业不断做大做强的同时，积极开展知识产权的保护与运用，才能为企业保驾护航。科隆集团正是凭借强大的科研实力和高价值专利布局在激烈的市场竞争中赢得一席之地。其提升科研实力和获得高价值专利的经验主要有两方面：一是加大研发投入，每年都根据收入比例将资金投入研发工作中，同时对创新成果的研发加大奖励力度；二是开展产学研合作，通过与高等学校以及科研院所合作，不断开发新专利并将其转化为具有竞争力的产品。

第六章　理财有方

——知识产权的管理

一、有效的知识产权管理制度是持续创新的保障

53. 达闼科技：开创"专利合伙人"制度，推动企业持续创新❶

导　语

　　《星际迷航》中名为"Data"的机器人聪明能干，忠诚可靠，幽默有趣而富有情感。在达闼科技有限公司（以下简称"达闼科技"）看来，这正是理想中智能机器人的样子，所以公司以谐音"达闼"为名。达闼科技于2015年3月成立，是一家云端智能机器人运营商，主要进行云端智能机器人技术的研究与开发，致力于实现运营商级别的大型融合智能机器学习和运营平台，以及服务机器人和其他智能设备的开发。自成立以来，达闼科技就格外重视知识产权保护，并开展了大量的专利管理工作，同时已在云端智能机器人领域崭露头角，完成了1亿美元的A轮融资，更是以"专利合伙人"制度被业界称道和效仿。

---

　　❶ 裴宏，李思靓. 达闼科技："专利合伙人"打造高价值专利［EB/OL］.（2018－10－17）［2020－09－15］. http：//www. iprchn. com/Index_NewsContent. aspx？NewsId＝111614.

案 例

建立"专利合伙人"制度

达闼科技认为，企业知识产权工作的重点在于人，人是最关键的要素。科技创新和知识产权保护的主体虽然是企业，但最终是落在每个人身上。达闼科技对自主创新的不断深入依托于对知识产权的严密保护和全球布局，首创的"专利合伙人"制度贯穿专利创造、运用、保护和管理整个过程，被业界称为全球最具吸引力的创新激励制度之一。

"专利合伙人"制度的核心内容包含职务发明奖励、高质量专利奖励、专利运用奖励等。在相关激励制度中，如果相关专利被写入国际、国家标准中，或者成为标准必要专利，公司将按每件专利1万美元进行奖励，并且该奖励是终身享有，无论发明人是否离职都能获得收益。

在"专利合伙人"制度的实施过程中，达闼科技形成了浓厚的专利合伙人文化。专利合伙人文化的精髓是共识、共担、共创、共享，通过后端共享来调动前端价值创造和中端价值增值，把专利产生的价值收益以分红的形式与员工共享。通俗地说，培育专利就好比"养孩子"，发明人是专利的"母亲"。养孩子的过程中需要亲友团的帮助，也就是"利益相关者"，包括技术、市场、法务等专业团队。对于专利转让或维权中产生的经济收入，公司将转让收入或赔偿额度的10%作为奖金，其中一部分用来奖励专利发明人，另一部分用来奖励负责转让或维权工作的"专利合伙人"。达闼科技通过"专利合伙人"制度给予员工投资机会，只要员工对专利的创造、申请、运营等起到推动作用，员工的收益就会在后续公司专利转让和维权中得到体现。

以往，员工对于知识产权工作的认识就如同"盲人摸象"，企业看到的是整个大象，而内部研发人员、专利人员只能看到大象的局部。"专利合伙人"制度能够引导员工参与专利从诞生到运营的全过程，将纸质的专利提案和实际的市场收益相互串联起来。这样不仅能培育出高价值的专利技术，而且能培养出具备知识产权思维的员工。

"专利合伙人"制度收益明确，可预期性强，且规则稳定不易变，因此员工的积极性高涨，经常会利用周末来撰写专利申请提案。值得一提的是，达闼科技离职人员在自主创业过程中也十分注重专利保护，还会打电话回来咨询，甚至直接践行"专利合伙人"制度。"专利合伙人"制度的建立与推进，使得达闼科技的专利申请量稳步增长。"专利合伙人"制度如同知识产权领域的"小岗村实验"，通过对知识产权激励管理制度进行创新，不仅使达闼科技保持了强大的生命力，也巩固了其在行业内的领先地位。

研发云端智能机器人

云端智能架构、云端大脑、机器人安全专网、云端智能控制器……这些充满科幻色彩的"黑科技"均来自达闼科技。达闼科技专注于云端智能机器人技术的研发，其工作可以理解为机器人服务。通俗来说，就是用人工智能算法构建机器人"大脑"，并通过高速、安全的运营专网，让机器人在云端对真实世界进行感知、认知和智能决策。

截至 2018 年 10 月，达闼科技在云端融合智能、高速安全网络以及安全智能终端和机器人控制技术等前沿领域取得了一系列的技术突破，作为全球首家云端智能机器人运营商，达闼科技已提交云端智能相关专利申请近 1000 件，相关报告显示，其在区块链领域的专利申请数量排名全球第九。

启　示

达闼科技在国内率先建立了"专利合伙人"制度，"专利合伙人"制度不仅培育了员工的知识产权思维，对企业专利的运营管理也产生了很大的影响。达闼科技的案例为成长型科技企业的知识产权工作提供了新思路和新方向。

专利合伙人制度的价值体现在以下两个方面：从企业层面看，将员工的创新研发成果申请专利并进行专利运营，通过激励机制将企业、发明人以及其他利益相关者充分调动起来，形成共同创新创造的共识，从而持续提升企业的创新能力。从员工层面来看，通过当期发明奖励、后期授权奖励、高价值专利申请奖励、远期运营奖励等制度，极大地调动了员工的创新积极性。

54. 际华三五零九：专利奖励机制激发员工的创新热情

导　语

近年来，在竞争异常激烈的纺织行业中，一些企业相继被淘汰，然而位于孝感的际华三五零九纺织有限公司（以下简称"际华三五零九"）却十分红火。际华三五零九是湖北省第二批支柱产业细分领域的隐形冠军示范企业，十分重视专利申请与转化，公司通过建立专利申请奖励制度的方式，提高了员工的创新热情，也提升了产品的质量，增加了公司的销售收入。

案 例

由于地域限制，中部地区相对于沿海经济发达地区在吸引人才方面一直处于弱势。为了弥补这种劣势，际华三五零九坚持双管齐下：一方面制定了《际华三五零九纺织有限公司科技创新考核及激励制度》，建立了科学的人才引进、培养、使用和管理机制，完善了激励约束机制，着力于鼓励科技创新，激发员工的创新潜能，提高核心竞争力，同时严格规定了各项创新的奖励标准，为企业科技创新提供了有力保障；另一方面制定了《际华三五零九纺织有限公司专利工作管理制度》，将专利申请作为公司每年内部职称评审的硬性指标，把专利奖励制度纳入员工管理范围，旨在保护发明创造专利，鼓励员工在研发、生产、经营活动中充分运用专利，增强际华三五零九的市场竞争力。

自 2008 年起，该公司每年都对申请专利的职务发明人或设计人给予一次性奖励。2018 年，针对已授权的专利，公司一次性奖励发明人总计 4 万余元。同时，公司每年都进行内部工程师评审，内部工程师参选的硬性指标就是必须要有专利作支撑。成功被聘用的高级职称者，可享受每个月 1200 元的专有津贴。

自专利奖励制度实施以来，际华三五零九每年的专利申请数量有了显著提升。目前该公司已经拥有授权专利 80 项，其中发明专利 17 项，取得专利权的技术先后多次获得中国纺织协会科技进步二等奖、三等奖，以及湖北省技术发明三等奖。该公司的三大核心系列产品——纯棉高支高密、竹纤维家纺产品系列，异经、三纬服装面料系列和功能性纱线系列，都拥有自主知识产权。2013 年以来，该公司的三项发明专利——"一种蚕蛹蛋白纤维与天竹、棉混纺生产高档针织用纱的方法""一种生产玉蚕纤维纯纺 60 支紧密纺纱的方法""莫代尔提花织物的生产方法"为公司创收近 3 亿元。

启 示

知识经济时代，创新是企业发展的动力，充分释放员工的专利创造热情是推动企业持续创新的基础。如何通过制定专利奖励措施来激发技术人员的创新活力？际华三五零九专利奖励制度的启示在于：一是通过制定明确的职务发明奖励制度，严格规定各项创新的奖励标准，并将专利申请作为公司每年内部职称评审的硬性指标；二是奖励制度执行有力，真金白银及时兑现，极大地激发了员工的创新热情，提升了企业创新的活力，显著增加了企业的知识产权数量。技术创新与专利的转化实施不仅提升了企业的产品质量，还为企业带来了丰厚的回报，实现了企业激励创新的初衷。

55. 拉卡拉：用知识产权专列，捍卫第三方支付的"蓝海"❶

导 语

拉卡拉支付股份有限公司（以下简称"拉卡拉"）成立于

---

❶ 裴宏，李思靓. 拉卡拉：发力科技创新 拉动支付蓝海 [N]. 中国知识产权报，2018－11－07.

2005 年，是国内知名的第三方支付公司，专注于整合信息科技，服务线下实体，从支付切入，全维度为中小微商户的经营赋能，提供支付科技、金融科技、电商科技以及信息科技服务。截至 2019 年 6 月，拉卡拉支付覆盖商户超过 2100 万个。

案 例

立足支付科技创新

在金融科技领域，支付已经不只作为基础设施存在，还发挥着金融科技生态构建的关口作用。未来只有两种企业，一种是经营产品的企业，另一种是经营顾客的企业，拉卡拉属于后者。拉卡拉通过在科技、数据应用、知识产权制度等方面的研发和创新，进一步解决了现实场景中的各类问题，为广大个人用户和中小微企业提供了更好的金融解决方案。

拉卡拉自成立以来，科技创新始终是其发展的核心动力，该公司陆续推出收款宝、收款盒子、智能 POS 机等终端科技产品。与此同时，拉卡拉在金融科技前沿技术的研发及应用方面也不断开疆拓土。拉卡拉每天海量的交易均建立在大数据、云计算技术的基础上，其自主研发的"鹰眼风控引擎"和"天穹反欺诈云服务"，能够迅速完成对用户的风险评估，全面保障平台安全。

2018 年 3 月，拉卡拉筹划已久的大数据研究院在北京落地。研究院以云计算、人工智能、服务机器人、区块链等技术为驱动力，下设四个实验室和一个中心，持续推动拉卡拉在金融科技方面发力。

知识产权管理制度引领发展

对处于科技创新前沿的公司来说，知识产权管理制度建设的重要性不言而喻。成立伊始，拉卡拉就设立了专门的知识产权部门，并从多个方面实施知识产权管理制度，以保证研发投入的有效性，避免知识产权的流失，规避侵权风险，保证公司经营的安全。

首先，该公司知识产权部门颁布了一系列知识产权内控管理制度，包括专利管理制度、专利奖励制度、商标管理制度、著作权管理制度、各渠道维权投诉指南等。同时，积极邀请贯标辅导机构针对公司的知识产权管理情况进行风险诊断，使知识产权工作能够在公司的经营发展中更加充分地发挥支撑促进作用。

其次，该公司制定了专利奖励制度，通过物质和精神方面的奖励来激励员工创新。在物质方面，除职务发明奖励以外，专利还与员工的公租房、职业升迁挂钩；在精神奖励方面，公司通过授予员工荣誉称号并邀请其在拉卡拉学院向其他同事分享心得与收获，进一步激发了员工的科技创新热情。

再次，该公司定期收集市场需求，并组织产品研发团队对需求进行评估，找到市场痛点，根据痛点攻坚技术难题，优化产品，并同时提交专利申请。拉卡拉在进行立项和研发时，通过对知识产权信息的分析利用，及时了解所属领域的知识产权状况，避免侵犯他人的在先权利，以免造成"无效"研发，避免浪费人力、物力和财力。

最后，拉卡拉还极为重视对知识产权侵权行为的应对，建立了有奖投诉举报机制。公司员工、业务合作方以及广大用户，均可通过有效渠道及时向公司反映涉嫌侵权的行为。公司相关部门及委托的专业机构也会定期监测侵权行为，以便及时处理。

拉卡拉以技术为核心，通过有效的知识产权管理制度来驱动产品变革，在商业模式及业务方面持续创新，已经发展成为综合性金融科技集团。未来，拉卡拉将进一步完善知识产权管理制度，持续激发员工的创新动力。

启　示

　　支付行业不同于其他行业，是整个市场基础设施的一部分，便捷和安全是支付行业发展的基石。在竞争激烈的第三方支付行业中，拉卡拉之所以取得如今的成绩，与其过硬的科研实力和有效的知识产权管理制度是分不开的。知识产权管理能够避免知识产权的流失，降低侵权风险，保证公司经营的安全。卡拉卡设立了专门的知识产权部门，并由专人专岗管理，建立了知识产权管理相关制度体系，如知识产权内控管理制度、职务发明奖励制度、有奖投诉举报制度等，持续激发员工的创造热情，助力企业安全高效地发展。

56. 三安光电：知识产权管理与企业核心竞争力呈现正相关[1]

导　语

　　三安光电股份有限公司（以下简称"三安光电"）成立于2000年11月，是一家集研发、生产与销售的高新技术企业，

---

　　[1]　孙芳华. 三安光电：高效管理提升企业核心竞争力［EB/OL］.（2019 - 06 - 26）［2020 - 09 - 15］. http：//www. iprchn. com/Index_NewsContent. aspx? NewsId = 116877.

主要产品包括全色系超高亮度 LED 外延片、芯片、Ⅲ - Ⅴ族化合物半导体材料、微波通信集成电路与功率器件、光通信元器件等。该公司于 2008 年 7 月在上海证券交易所挂牌上市，产业化基地分布在厦门、天津、芜湖、泉州等多个地区，被认定为"国家高技术产业化示范工程企业""半导体照明工程龙头企业"以及"国家技术创新示范企业"。

案 例

三安光电成立近 20 年来，致力于自主创新，研发具有自主知识产权的技术与产品，将知识产权管理作为企业管理的重要内容。在专利奖励、专利评议等方面建立了多项管理制度，并积极开展专利布局和预警分析，构建科学高效的知识产权管理体系，提升了企业的核心竞争力。经过多年的不懈努力，三安光电成为国内Ⅲ - Ⅴ族化合物半导体照明产业的龙头企业。

加大研发投入，鼓励技术创新

创新是企业发展的驱动力。三安光电自成立以来，十分重视科技创新，每年投入上亿元经费进行研发。此外，三安光电还不断充实研发队伍，吸引行业优秀人才，为企业创新发展提供强大的人才储备与智力保障。公司拥有同行业中一流水平的技术创新团队，其中专家、博士近 500 人，企业研发人员占比达到 15.2%，具有丰富的生产经验及研发能力。近年来，公司还聘请了 2014 年诺贝尔物理奖获得者、日本名古屋大学教授等知名专家作为技术中心的特聘专家，对企业研发及产业化进程中的技术问题、技术思路、技术创新体系建设等各方面进行指导。截至 2019 年 6 月，三安光电拥有 1760 余件专利，其中发明专利 1433 件，占比为 86.72%。三安光电拥有国际专利近

500 件，行业排名全国第一。

知识产权管理制度助推发展

三安光电高度重视知识产权工作，于 2010 年成立了知识产权部门。该部门隶属于企业技术中心，主要职责包括知识产权战略推进、专利申请流程监控、专利布局分析等。2019 年，知识产权部门共拥有具备专利代理师资质的专职专利工程师 7 名、专利管理人员 8 名。知识产权部门通过开展知识产权工作，促进科技研发创新，显著降低了企业知识产权风险并维护了企业的合法权益。

知识产权管理制度的制定和完善，确保了公司知识产权工作的有效运作。公司专门制定《专利奖励办法》，鼓励研发人员进行专利申请。该办法中明确规定了专利奖励的方式和金额，并运用综合评价指标体系来确定专利申请提案的等级，根据等级分阶段发放专利奖励。专利奖励既有对单个发明人的奖励，也有对整个发明人团队的奖励，通过评议等级制，从创新性、产业利用性、揭露性和排他性等维度量化专利价值，用不同等级的专利奖励强化专利申请行为，激发员工的技术创新和专利申请热情。

三安光电于 2016 年开发了专利电子管理系统，随后评估采购了国内知名的知识产权管理系统。结合内部研发与外部采购的模式，三安光电构建和完善了企业专利电子系统，有效提高了企业知识产权工作的运作效率。公司还于 2017 年推行了专利评议制度，依托企业专家队伍，更加精准地进行专利布局，将知识产权工作和新产品研发审批流程相结合，促使知识产权部门与研发团队相互协作，一方面增加了知识产权部门对新技术的理解和掌握，另一方面为研发团队提供了准确的专利信息。

启 示

有人说，大企业的生命力在于不断创新。那么，大企业如何保持创新的势头，那就在于细节创新。细节创新的成果如何保护？在于完善的知识产权管理制度。在三安光电的案例中，我们可以看到，知识产权制度的建设有利于促进员工积极创新：知识产权管理工具的应用，有利于加快创新节奏，提高创新效率；知识产权分析评议制度的建立，有利于企业选择最适合的技术申请专利，将其转化为企业效益和经济价值。由此可见，知识产权管理体系的建设是大型科技企业的必然选择。

57. 汉王科技：完善专利管理制度，谋划布局未来❶

导 语

成立于 1998 年的汉王科技股份有限公司（以下简称"汉王科技"），是一家专门研发文字识别技术和智能交互产品的企业。成立以来，汉王科技始终把"专注成就精彩，创新引领未来"作为发展的核心理念。汉王科技拥有手写识别、笔迹输入、OCR（光学字符识别）、生物特征识别、数字阅读、空气质量检测及净化等 6 个方面的核心技术。汉王科技注重完善知

---

❶ 裴宏，李俊霖. 汉王科技：完善专利工作，扬威海外市场［EB/OL］.（2017 - 10 - 25）［2020 - 09 - 15］. http://www.iprchn.com/Index_NewsContent.aspx? NewsId = 103449.

识产权管理制度，通过纵向双层、多向扁平化的专利管理制度以及专利奖励机制，调动了公司全员的创新积极性，推动了企业的持续创新。

案 例

加快创新步伐　无惧专利纷争

1998 年，汉王科技研发了一款汉字手写识别软件，并于当年 12 月将该软件授权给微软（中国）有限公司使用。2000 年 5 月，汉王科技发现一家中国台湾企业以反汇编方式全面抄袭和复制了汉王科技的手写识别软件，并导致市场上同类软件迅速泛滥，汉王科技不得不对其展开相关侵权诉讼。历时 8 年，虽然汉王科技最终获胜，但该款产品已错过了最好的发展时期。自此，汉王科技认识到专利的重要性，开始逐步加强知识产权多维度的布局。

2006 年，日本一家老牌绘画板企业突然向汉王科技发起了专利诉讼，理由是汉王科技侵犯其绘画板相关专利，并在美国和中国的相关法院同时提起诉讼。汉王科技虽从未经历过海外专利诉讼，但凭借较为完善的专利布局和专利储备，迅速组成相关团队应诉，结果发现公司不仅未侵犯其相关专利，相反对方还在未经许可的情况下使用了汉王科技的核心专利。对此，汉王科技在美国和中国相关法院向对方发起反击，最终迫使对方提出和解请求。这起获胜诉讼是汉王科技成立以来最具代表性的一场专利诉讼，不仅鼓舞了全员士气，也让公司的知识产权意识上升到了前所未有的高度。

经历多起专利诉讼的洗礼后，汉王科技的专利申请量迅速增长。截至 2016 年年底，汉王科技已提交专利申请 1284 件，其中发明专利申请 786 件，实用新型专利申请 341 件，外观设计专利申请 157 件，获得专利授权 849 件，同时公司还通过 PCT 途径提交了几十件国际专利申请。此外，汉王科技还围绕生物特征识别、轨迹输入、图像识别、主动电容笔等核心技术在美国、德国、日本、韩国、欧盟等国家和地区开展了全面的专利布局工作。

完善专利管理制度　推进企业发展

除了全方位的专利布局外，完善的专利管理制度也是汉王科技得以快速发展的基石。公司制定了纵向双层、多向扁平化的专利管理制度。所谓纵向双层就是在公司内部成立知识产权部和知识产权评审委员会，而多向扁平化是指由公司总部派遣专利工程师对接子公司，紧跟子公司产品技术的进程，及时挖掘和布局子公司的相关专利。

在纵向双层的专利管理制度方面，汉王科技将知识产权部设立为独立的一级职能管理部门，由主管技术工作的副总裁直接负责，从源头严把专利质量关，提升专利质量。另外，知识产权评审委员会专门负责专利评估、专利质量把关、专利分级管理、专利布局、专利池构建、专利运营等事项的评审和把关。

在多向扁平化的专利管理制度方面，子公司的专利工作由汉王科技知识产权部统一管理，同时还派遣专利工程师深入各子公司的技术链和产品线，指导和督促专利申请相关工作，确保各子公司技术创新成果得以有效保护。

此外，为了鼓励公司全体员工积极参与技术创新，汉王科技还专门制定了针对专利的奖励制度。对于提交专利申请、专利申请获得授权，以及技术人员提出的研发创新点等都给予一定的奖励，调动了全员投入技术研发的积极性。

如今，依托全面高效的专利管理制度，汉王科技在汉字识别、电纸书、人脸识别等领域取得了多项重要创新成果，先后获得国家科学技术进步一等奖、国家科学技术进步二等奖、中国科学院杰出科技成就奖、"何梁何利"科学进步奖、首届发明创业奖、中国专利奖和北京市发明专利奖等奖项。未来，汉王科技将在人工智能等领域持续发力，研发出更多高性能、贴近百姓生活的产品。

启 示

汉王科技的知识产权管理经验有三个方面：一是重视专利布局，公司在创立初期就及时申请专利，不仅申请了大量国内专利，而且国际专利申请也十分主动。通过持续的专利布局，公司研发实力大为增强。二是善于用法律武器维护企业的权益。汉王科技无惧专利纷争，成功应对海外专利诉讼，更加坚定了专利兴企的信心和勇气。三是不断完善专利管理制度。公司制定了纵向双层、多向扁平化的专利管理体制，建立专利激励机制，调动了全员投入技术研发的积极性。

58. 史河科技：专利激励制度成为企业创新的动力之源❶

导 语

北京史河科技有限公司（以下简称"史河科技"）源于清华大学机械工程系制造工程研究所，是一家专注于自主研发高

---

❶ 郑斯亮. 完善激励制度，释放创新活力 ［EB/OL］.（2019 – 11 – 01）［2020 – 09 – 15］. http：//www. iprchn. com/cipnews/news＿content. aspx？ newsId = 119260.

空作业机器人的科技公司。史河科技长期注重技术创新，攻克多项技术难题，秉持"让世上没有危险的工作"的信念，立志打造中国智能特种机器人第一品牌。史河科技非常注重知识产权管理制度建设，已提交专利申请 200 余件，并通过知识产权激励制度极大调动了员工的创新积极性，确保了公司产品的持续创新。公司于 2018 年获得"国家高新技术企业""中关村高新技术企业"等称号。

案 例

技术创新协同作战克难关

史河科技设计的一代火电水冷壁检测机器人，采用双轮差速设计，可以实现在整个水冷壁面前进、后退及 360° 任意转向。然而，在实际使用过程中，最常使用的是机器人沿水冷壁布置方向，单向行走检测。面对机器人功能上的冗余，研发部及时召开火电项目小组讨论会，经过集思广益和研发部工程师的开发创新，成功开发出了二代火电检测机器人产品，并围绕产品布局了发明专利及实用新型专利共计 24 件。

无独有偶，2017 年年底，史河科技二代船舶除锈机器人样机研制成功。在现场测试过程中，测试人员需要手拿遥控器，操作机器人在船舶外立面按设定轨迹行走。产品既然叫机器人，为什么必须得有操作人员来遥控，为什么不能更加智能，为什么机器人不能自己行走？

面对这三个"为什么"，一场关于"如何才能让我们的机器人更加智能"的头脑风暴随之而来。研发人员提出：通过开发一套控制算法，就能够实现机器人自动路径规划与导航控制，实现真正的无人化作业。技术路线确定后，史河科技成立了专门的研发小组，最终实现上述技术的突破，成为业内第一个掌握机器人自主路径规划与导航控制技术的公司，并围绕该技术布局了 12 件发明专利。

知识产权管理制度优化促发展

二代船舶除锈机器人的成功研发，使得公司产品性能得到极大提升，客户好评不断。针对该建议的提出人员、技术攻关人员、测试推广人员，公司均给予了丰富的物质及精神奖励，物质奖励包括专利奖励、研发奖励、合理化建议奖励、产品销售提成等，精神奖励包括公司优秀团队奖、优秀员工奖等。

随着企业的发展，史河科技不断完善自身的知识产权管理制度，鼓励员工对产品的发展积极建言献策，鼓励工程师大胆创新创造，并对那些助力公司成长的良言美策提出者，给予丰厚奖励，在公司范围内营造出一种鼓励员工积极创新的氛围。此外，公司还设立了技术成果申报制度，既方便对项目作出决策和调整，又可以作为证据，防止因员工的流失而导致项目的中断。

未来，史河科技将继续优化公司知识产权激励制度，充分调动员工的研发热情。对于公司核心业务产品，通过专利检索分析，了解相关技术的优劣势，结合自身技术优势，进行集成创新及消化吸收再创新，助力企业长远发展。

启 示

作为一家专注于自主研发高空作业机器人的科技公司，史河科技注重技术创新与积累，通过知识产权管理制度打造企业核心竞争力。一是建立知识产权申请奖励机制，组织技术人员协同作战、攻克难关，并对参与技术创新的员工提供丰厚的物质奖励及精神奖励。二是通过专利奖励制度，营造员工积极创新的良好氛围，鼓励员工大胆创新、积极建言献策。三是建立知识产权管理的长效机制，通过完善技术成果申报制度、知识产权激励制度等，为企业持续实施知识产权战略提供制度保障。

59. 天珑移动：建立有效知识产权管理制度，实现跨越式发展[❶]

导　语

2014 年，由深圳市天珑移动技术有限公司（以下简称"天珑移动"）研发生产的 Wiko 手机一经上市，就畅销欧洲、东南亚、南非等国家和地区。天珑移动一直把创新作为公司发展的核心理念，重视知识产权布局和管理制度建设。如今，天珑移动能在海外市场赢得一席之地，逐步走出一条国际化的发展道路，一方面得益于独特的产品创新和管理理念，另一方面更离不开独到的知识产权管理制度。

案　例

加强创新　锁定发展疆域

在从事移动通信行业之前，天珑移动的 3 位创始人在广东

---

❶　李俊霖. 天珑移动：另辟蹊径，国产手机扬帆海外［EB/OL］.（2017 − 09 − 21）［2020 − 09 − 15］. http：//www. iprchn. com/cipnews/news_content. aspx？ newsId = 102884.

的一家 DVD 生产厂从事了多年技术研发工作。20 世纪 90 年代末，随着手机的迅速普及，3 位创始人洞察到这一产业未来的发展趋势，于是成立一家手机制造企业的念头在 3 人心底悄然而生。经过一番筹措，2005 年，天珑移动在深圳正式成立。

手机行业属于技术密集型领域，天珑移动成立初期并没有研发自己的手机产品，而是以 ODM 的商业模式为全球客户设计和生产手机，以此来积聚实力。经过一段时间的积累，成功研发出多款"小灵通"手机产品，颇受国内用户青睐。

2008 年，全球手机市场竞争态势已初步显现，受全球经济危机影响，天珑移动也遭遇了发展困境。为了扭转局势，天珑移动迅速转变发展战略，将目光聚焦到欧洲、东南亚、南非、中东等国家和地区，一方面与当地的手机品牌达成合作，根据当地的文化特色和消费需求研发产品，且每研发一件产品就要跟进提交相关专利申请，另一方面注重吸纳当地手机产业技术人才，组建熟悉本土知识产权规则的技术研发团队。截至 2017 年，天珑移动围绕手机用户体验、移动通信网络、软件应用程序、硬件配置等提交了 3000 余件中国专利申请，其中发明专利申请占比达 70%。天珑移动还通过 PCT 途径提交了近百件国际专利申请，同时结合购买国外专利的方式，不断扩大自身的专利储备。成立十几年来，依托独特的专利管理制度，天珑移动逐渐在国际市场站稳脚跟。

以专利管理制度为武器　实现跨越式发展

独具特色的专利管理制度是天珑移动快速发展的基石。在公司成立初期，天珑移动就配备了专门的知识产权专员，对公司相关技术进行有针对性的专利布局。随着公司发展壮大，天珑移动不仅成立了专门的知识产权部门，而且在不同国家和地区组建了本土化的知识产权团队从事专利风险管理、诉讼、许可、谈判等工作。

目前，天珑移动制定的专利风险管理制度已将知识产权嵌入产品的研发、设计、零组件采购、生产、仓储物流、销售等各个环节，并配套相应审核机制，同时还制定了《专利质量管理标准》等多个公司内部规范，设定了严格的专利质量把控标准。此外，公司还建立了自身的专利标准研究方案，提前对手机领域的前沿技术及 5G 标准进行研究测试，为研发新一代手机产品奠定基础。

正是凭借全面、科学、高效的专利管理制度，近年来天珑移动取得的成绩令人瞩目。除了研发手机业务外，天珑移动还致力于 GSM 双卡双待、3G、4G 的移动终端及手机高级配件的研发与生产，并与国际手机巨头企业达成战略合作，2016 年在法国实现了年销售近百万台的成绩。2017 年，天珑移动获得了中国制造业企业 500 强等荣誉。未来，天珑移动还将进一步加强手机领域的技术研发，为国内外手机用户提供更优质的体验。

启 示

天珑移动能在激烈竞争的手机行业站稳脚跟，靠的是持续技术创新与国际市场拓展两大法宝。公司在发展过程中，高度重视知识产权管理工作，建立健全知识管理制度，凭借全面、科学、高效的专利管理模式，天珑移动在手机行业始终保持竞争优势。与众不同的是，该公司注重在大力开拓国际市场的同时，在不同国家和地区组建本土化的知识产权团队从事专利风险管理、诉讼、许可、谈判等工作，使天珑移动在国际市场开辟出一片新天地，实现跨越式发展。

60. 中冶长天：强化知识产权管理，勇摘"中国专利金奖"桂冠[1]

导　语

2020年1月，国家知识产权局确定2019年度国家知识产权示范企业名单，中冶长天国际工程有限责任公司（以下简称"中冶长天"）名列其中。作为在冶金、矿山、能源环保、市政基础设施建设等领域具有领先优势的高新技术企业，多年来，中冶长天扎实推进知识产权工作，建立了完善的知识产权管理体系，营造了浓郁的知识产权企业文化氛围。

案　例

在中冶长天展示厅最显眼的位置，摆放着"中国专利金奖"的奖牌。2015年，由中冶长天自主研发的发明专利"一种环冷机台车"（专利号：ZL200910007625.X），获得第十七届中国专利金奖。

中冶长天的员工都知道这一奖项来之不易。传统环冷机台车采用单层结构大范围机械动密封，在长期运行过程中不可避免地会出现磨损和变形，由此产生漏风问题，容易导致生产中设备故障频发，并造成环境污染。此前，各国技术人员还没有

---

[1] 李倩. 知识产权护航　方能行稳致远［EB/OL］.（2020-01-14）［2020-09-15］. http://www.iprchn.com/Index_NewsContent.aspx? NewsId=120706.

较好的解决办法，即使在行业内技术水平领先的日本公司，生产的环冷机漏风率也超过35%。中冶长天研发团队坚持自主创新，尝试将传统单层台车的机械密封结构分解为独立的台车静密封和液体动密封的双层台车结构。经过10余年的努力，终于将环冷机漏风率降至5%左右，实现了密封部件"零"磨损，大幅减少了粉尘排放量，提高了余热回收利用率。为有效保护创新成果，中冶长天围绕该核心技术，积极开展专利布局，目前已获得外国发明专利18件，中国发明专利108件。

获得中国专利金奖是对中冶长天知识产权工作的鼓励，更是对中冶长天创新精神的肯定。为做好知识产权工作，中冶长天建立了公司领导负责、职能部门主管、专业分院兼管的三级管理体系，设有5名知识产权专职人员；为大力提高知识产权创造能力，中冶长天制定了一系列知识产权管理办法，将知识产权上升为企业战略，使知识产权管理工作循序渐进、有章可循，构建全方位的知识产权管理体系。此外，为形成良好的知识产权创造、运用、保护、管理的氛围，中冶长天开展了近百次知识产权相关培训。截至2020年年初，中冶长天拥有专利1090件，其中，中国发明专利498件，外国发明专利48件。通过PCT途径提交的国际专利申请40件，进入俄罗斯、澳大利亚等十几个国家和地区。

中冶长天高度重视知识产权管理体系建设，不仅是为了落实国家政策、配合政府服务的需要，更是企业在"走出去"过程中总结出来的经验。在激烈的市场竞争中，公司切实体会到知识产权在提升产品竞争力、企业综合实力等方面发挥的作用。只有重视知识产权，才能赢得市场。

启 示

通过体系化的知识产权管理激励核心技术的创新，是中冶长天能够在市场竞争中乘风破浪、行稳致远的"法宝"。中冶长天围绕企业科技发展规划进行知识产权布局，为企业创新发展保驾护航，是通过体系化管理培育高价值专利的成功典范。

中冶长天的管理体系建设包含多个方面。一是队伍建设，公司领导负责、职能部门主管、专业分院兼管的三级管理体系和专职知识产权工作人员是管理体系的关键；二是制度建设，企业内部一系列的知识产权管理办法，将知识产权上升为企业战略，使知识产权管理工作循序渐进、有章可循；三是提升机制建设，通过近百次的知识产权培训，形成企业良好的知识产权创造、运用、保护和管理的氛围。

二、高效的知识产权管理驱动企业高质量发展

61. 京山轻机："法律顾问全程参与"的知识产权管理模式

导 语

在项目开发期间聘请知识产权法律顾问，从方案设计、产品和工艺设计到样机试制，法律顾问全程参与管理，为企业建

言献计，规避法律纠纷。这种做法在一些人看来是没有必要的，他们认为聘请法律顾问仅仅增加了企业成本，并未给企业带来实际效益。但是，湖北京山轻工机械股份有限公司（以下简称"京山轻机"）的经验告诉我们，在企业高速发展阶段，专业的知识产权管理措施可以起到事半功倍的效果。

案 例

京山轻机是中国轻工总会和中国包装总公司定点生产纸制品包装机械的骨干企业，居于行业龙头。历经五十余载发展，京山轻机现已成长为中国最大的纸箱、纸盒包装机械研发、制造和出口基地，是世界最大的瓦楞机械设备和后续加工设备的制造商。

为了改善热损失大、降低生产过程中大气污染等情况，2013年京山轻机萌生了在瓦线上使用电磁取代蒸汽加热的想法。为了避免在相同技术领域进行重复研究开发，防止发生侵犯他人的在先专利权的行为，京山轻机不断规范自身的知识产权工作，还特别聘请中国（湖北）知识产权维权援助中心合作专家担任知识产权法律咨询顾问，为公司提供企业知识产权管理、专利申请及保护的决策咨询服务，根据企业的发展情况适时提出意见建议，如为公司的新产品开发是否涉嫌侵权以及如何避开他人专利权提出建设性意见。

在研发和管理的实践中，该公司创造了"法律顾问全程参与"的知识产权管理模式。概括地讲，就是立项前，由知识产权法律顾问和技术人员检索出相关专利文献，分析技术现状，供技术人员对比学习，为技术人员对技术空白点的立项研究与开发提供决策依据，对现有技术的创造性改进工作提供技术指导。研究取得阶段性成果后，及时进行专利申请，快速确权获得法律保护。研究成果中试成型后，积极开展市场转化，抢占市场先机。

例如，该公司为了迎合市场需求，抢占电磁加热方面的先机，抢先申报了电磁加热辊专利（专利号 ZL201520733108.1）。该专利技术通过控制电磁加热模块实现了对瓦楞辊工作面进行加热的功能，能适应不同纸张的幅宽，有效降低热损耗，还可以简化瓦楞辊结构和厂房相关的配套设施，低碳环保。在申报专利的同时，公司抓紧一切时间，安排中试生产，并于 2015 年成功研制 WJ200－1800－IID 型电磁加热瓦楞纸板生产线。2016年 4 月 18 日，该产品在京山轻机新产品展示会上一经推出便受到市场青睐。

京山轻机的这种做法，理性而经济，处处能将"好钢用到刀刃上"。

启 示

步入经济发展"新常态"，经济结构的转型升级成为发展的关键，而产业升级在其中又占据了重要位置。在本案例中，京山轻机的知识产权管理不仅涉及专利申请，它还贯穿企业的产品研发、设计、生产、销售等所有环节。企业要想获得更大的发展，就必须要将知识产权管理融入企业的日常经营之中，注重企业"内功"的修炼，不断加强自主创新能力建设。通过实施知识产权战略，建立以自主创新和自主知识产权为核心的全新发展模式，不断推动企业更好地发展。

62. 汉能：无"为"不"至"的知识产权管理●

汉能控股集团（以下简称"汉能"）作为一家全球化的清洁能源跨国公司，致力于用薄膜太阳能改变世界，现已发展成为涵盖技术研发、组件生产的高科技清洁能源企业。汉能不仅高度重视研发高科技清洁能源，也不遗余力地打造高效率的知识产权管理模式，实现了汉能知识产权储备的高速增长。

案 例

研发高科技清洁能源技术

伴随着太阳能产业的全球整合、新的技术突破、装备的持续升级，太阳能大规模应用的时代已经到来。虽然薄膜太阳能产业属于知识产权密集型产业，但过去我国在该领域的专利布局一直较弱。2012～2014 年，汉能奋起直追，经过全球技术整合与自主创新，先后在中国北京、美国硅谷等地建立 8 个研发基地，拥有研发人员超过 2000 人，掌握了世界上领先的薄膜太阳能技术，达到国际领先水平。2014 年，汉能在麻省理工学院

● 裴宏，李思靓. 汉能：专利赋能光伏发电 ［EB/OL］. （2018 - 10 - 11）［2020 - 09 - 15］. http：//www. iprchn. com/Index _ NewsContent. aspx？ NewsId = 111505.

"全球最具创新力企业"评选中，位列第 23，成为国内能源领域唯一上榜的企业。截至 2018 年，汉能在全球范围内累计提交的专利申请超过 6700 件，专利申请主要涉及薄膜太阳能等核心产品技术。

创新高效率知识产权管理模式

汉能建立了高效的知识产权管理体系，设立了全球知识产权和标准管理总部，负责集团知识产权和标准管理工作，现有知识产权管理人员 150 余人。为提升知识产权管理效能，汉能先后制定了《专利管理办法》《知识产权和标准化成果奖励办法》《专利申请流程管理办法》等规章制度和流程十余项，建立了培训、质量、大数据、外部合作等资源平台，不断创新高效率的知识产权管理模式。

汉能知识产权部门还创新性地建立了专利技术树。针对上游技术路线将汉能的专利和专利申请建立专利技术树，针对下游每一类产品都建立专利组合，这一工作有两个目的：一是在专利申请的初期，工程师能够清楚每一个专利与对应创新的情况，可紧紧围绕创新的技术市场价值做好全球专利布局工作；二是一旦需要，能够在专利技术树和专利组合中迅速查找出所需的专利。一款产品在研发过程中可能会产出一百至几百件的专利申请，知识产权部门会紧随市场迅速合理布局，市场到哪儿，专利就到哪儿，为汉能持续的技术创新及市场经营活动保驾护航。这样细致入微的专利管理体系构成了汉能严密牢固的专利防护网络。

同时，汉能通过专利奖励的方式促进知识产权工作的有序高效开展。根据专利奖励办法，汉能将专利划分为不同的等级，按等级对发明人进行奖励。汉能集团还设立了主席特别奖，奖励在知识产权方面对集团有重大贡献的个人或团队。

此外，为确保专利申请质量，汉能通过三级评审和全流程质量管理，打造高价值专利组合。在提交专利申请前，研发部门从技术和市场的维度对申请文件进行第一级技术评审，知识产权部门从新颖性、创造性等角度进行第二级专利评审，最后由集团层面的专家评审委员会综合技术、市场效果、可专利性等进行第三级评审。同时，全流程质量管理会要求对专利申请文件进行初核、复核及质检，尤其对于重要案件的申请会进行复核和质检。

除了三级评审之外，汉能还建立了专职的知识产权质量团队、风控运营团队，从不同角度协同、合力把控专利质量。质量团队从专利申请文件撰写、审查意见答复、专利复审等每一个环节关注专利质量，从正向的专利产出端严格把控专利质量。风控运营团队则跳出整个流程，从专利应用、无效、诉讼的角度对专利质量提出要求，发现可能存在的风险和问题，从反向的专利使用端对专利产出部门进行把关，反向倒逼专利质量的提升。

在汉能开启的移动能源时代，薄膜太阳能技术以实用的方式融入人们的生活，先进的专利技术奠定了移动能源时代蓝图展开的基石。随着汉能不断加大技术研发与完善知识产权管理，继续深耕移动能源领域，薄膜太阳能技术将会更加深刻地改变人类的生活。

启 示

汉能在清洁能源领域能够取得如此大的成就，主要得益于汉能强大的科研创新实力与高效的知识产权管理模式。"汉能模式"主要体现在四个方面：一是建立健全知识产权管理制度，不断提升知识产权管理效能。二是建立专利技术树，专利管理细致入微。三是实施奖励制度，促进知识产权工作的有序高效开展。四是实施三级评审和全流程质量管理，打造高价值专利组合，知识产权管理体系日渐完善。

63. 努比亚：全流程的知识产权管理使企业稳步攀高[1]

导 语

努比亚科技有限公司（以下简称"努比亚"）是一家从事手机研发的科技型企业，于 2012 年发布努比亚手机品牌。2015年，努比亚发布全球首款无边框手机 nubia Z9，在业内掀起了一股手机无边框技术的热潮。多年来，努比亚摸索出了一套具有努比亚特色的知识产权全流程管理模式，通过多层次、立体式专利保护、打造专利池、严控专利风险、加强专利成果运用等方式，逐步构建了完善的知识产权管理体系，并先后获得"深圳市专利奖""深圳知识产权梧桐金奖"等荣誉。

案 例

一直以来，努比亚对技术研发和专利布局极为重视，专门成立了以总经理为首的知识产权委员会，全面推行"一把手"负责知识产权战略的管理制度，组建专业的知识产权团队，开展专利研发、专利许可、专利诉讼、专利风险防控等业务。

---

[1] 李俊霖. 努比亚：全流程专利管理助力发展［N］. 中国知识产权报，2016 – 05 – 25.

经过多年积累，努比亚已成功构建了具有业界竞争力的专利池，主要涉及摄像、拍照、无边框设计等多个领域，并先后推出 nubiaZ7、nubiaZ9、nubia 布拉格等一系列拳头产品。公司从市场、时间、技术等多个角度出发，制定了多层次、立体式的专利管理体系。以市场保护为例，努比亚在全球开展专利布局，针对核心技术，通过 PCT 途径提交国际专利申请，有效地防止竞争对手的恶意诉讼。此外，公司针对创新成果从产品设计到技术研发再到正式上线运营，进行全生命周期的知识产权保护。这种多层次、立体式的知识产权保护，已成为努比亚知识产权全流程管理的重要内容。

为降低知识产权风险，努比亚还在产品研发、生产、营销等各个环节，加强知识产权风险防控，将知识产权管理工作融入产品研发立项、产品设计、产品方案确定、原材料采购等全流程，构建全流程的知识产权管理体系。如在产品研发立项阶段，公司针对手机领域的技术分布现状，全面开展调查分析，并出具调研报告；在产品设计阶段，公司通过对同类产品侵权风险、回避设计等分析，有效评估备选产品方案的侵权风险；在产品方案确定阶段，公司围绕产品功能，评估侵权风险，确保在接到侵权警告或诉讼时能够第一时间制订应对方案；在原材料采购阶段，除加强对采购部门知识产权法律法规的教育培训外，还要求采购人员严禁采购涉嫌专利侵权的原材料，并要求供货方提供知识产权相关证明材料。除以上环节外，知识产权部门还推送专利技术资讯，帮助研发部门及时了解竞争对手的研发动态。

完善的知识产权管理体系使努比亚研发的多项手机技术成为引领行业发展的风向标。截至 2016 年，努比亚在全球范围内提交了 3700 余件专利申请，其中发明专利申请 3000 余件，实用新型申请 200 余件，外观设计申请 400 余件，PCT 国际专利申请 100 余件。核心技术主要涉及手机摄影、FiT 边框交互、操作系统 2.0、双卡双系统、手机安全等。

储备丰富的专利池使努比亚在国内外市场竞争中屡占先机，在与跨国企业的专利许可谈判中轻松自信，不但多次规避了跨国巨头对努比亚发起的专利诉讼、打压等，还借机将销售市场拓展至北欧、日本、俄罗斯、捷克等国家和地区。

启 示

努比亚在手机领域不断拓展，逐步摸索出一套特色鲜明的知识产权管理模式，主要表现在：第一，高度重视技术研发和专利布局，全面推行"一把手"负责的知识产权战略。第二，制定了多层次、立体式的专利保护体系，着力构建努比亚知识产权生态价值链。全面的专利布局和专利池的构建，已成为努比亚公司实施知识产权战略、加强专利技术储备、提升资产价值的又一项重要举措。第三，注重风险管理，在产品研发、生产、营销等各个环节，嵌入知识产权风险防控系统，打造全流程的知识产权管理体系。

64. 大禹阀门：奖励型知识产权管理，激发企业创造潜力

导 语

武汉大禹阀门股份有限公司（以下简称"大禹阀门"）

通过建立完善的知识产权管理制度，包括知识产权管理办法、知识产权奖励办法、保密制度和技术资料档案管理办法等，不但有利于提升企业的创新能力，冲破旧有"天花板"，而且在突破技术难点的同时可抢占该技术的先机。对发明者根据销售提成的奖励方式，将极大激发其发明创造的热情。

案　例

从昔日名不见经传到如今行业前三甲，大禹阀门用了十余年时间，形成了自主研发、生产、销售阀门、闸门、水处理设备等相关产品的完整产业链。而时间倒回至1998年大禹阀门成立之初，中国阀门企业技术水平远远落后于世界先进企业。面对强手竞争，大禹阀门以专利技术抢占市场，靠技术创新杀出了一条生路。2015年，大禹阀门的销售收入已达2.16亿元。尝到专利技术甜头后，公司进一步加大技术研发力度，投入1117万元进行技术研发。

大禹阀门设有企业技术研究中心，拥有110人的研发队伍，是国内阀门行业拥有专利数量最多的企业之一。领先的专利技术成为企业的核心竞争力。近年来，该公司开展了一系列专利技术研究，部分技术研发的产品已实现量产。为了进一步提升创新能力，公司制定了"专利产品根据销量提成奖励给发明者"的激励措施，极大激发了技术人员发明创造的热情。

除了奖励发明者之外，在阀门领域保持领先的基础上，该公司尝试多元化发展。从2013年起，大禹阀门尝试进军排水领域，截至2016年排水系统已申请专利300余件。在传统制造企业受低迷经济形势影响，难以突破发展"天花板"的大环境下，大禹阀门却通过持续创新实现逆袭，业绩持续增长，成功冲破行业"天花板"。同时，在企业跨入海绵城市、智能排水领域后，仍然注重专利研发申报，用领先的专利技术抢占市场。

启 示

林肯说"专利制度是天才之火浇上利益之油"。大禹阀门的职务发明激励制度极大地激发了技术人员发明创造热情，而公司也实现了"高专利产出—高利润回报"的良性循环。

充分释放企业员工的专利创造热情，推动企业的持续创新是当前很多企业面临的问题。对于具有一定研发基础的创新型企业，应当做好如下"三步曲"：

一是企业管理者要把专利等知识产权当作企业的核心资产来看待，从战略的高度重视企业知识产权管理工作。二是企业应当制定专门的职务发明奖励制度，给予发明创造者较高的奖励，并及时地兑现。三是企业在持续的创新发展过程中不断开拓新的领域，做好专利挖掘与布局和专利储备工作。如此，企业才能如大禹阀门一样在大浪淘沙中通过创新突破发展的"天花板"。

65. 东旭集团：将高效的知识产权管理体系作为企业腾飞之翼❶

导　语

东旭集团自 1997 年成立以来，以实业报国、振兴民族产业为己任，从装备制造起步，依靠自主创新，经过持续的战略升级与产业拓展，构建了光电显示材料、高端装备制造、新能源汽车、石墨烯产业化应用、新能源与生态环保等多元产业板块。作为国内为数不多的掌握液晶玻璃基板生产技术和装备生产的企业，东旭集团凭借高效的知识产权管理体系，推出的液晶玻璃基板产线获评"国家战略性创新产品"，打破了国际垄断，实现了真正的国产化，为民族企业插上了腾飞之翼。

案　例

应对形势发展，组建管理部门

东旭集团成立之初并没有设立专门的知识产权部门。2000年以后，随着集团业务的快速发展，知识产权对企业的重要性日益凸显，东旭集团开始逐步建立健全知识产权管理制度。

2015 年，基于自身业务高速发展的需求，为了更好应对日

---

❶　孙芳华. 知识产权为民族企业插上腾飞之翼 ［EB/OL］.（2019 – 10 – 30）［2020 – 09 – 15］. http：//www. iprchn. com/Index _ NewsContent. aspx？ NewsId = 119202.

益复杂的外部竞争环境，保障集团运营安全，公司决定在集团总部设立知识产权中心，统一管理集团及下属子公司的各类知识产权事务。2016年年底，东旭集团进一步优化完善知识产权管理体系，创新性地设立了"首席知识产权官"制度。集团首席知识产权官作为知识产权事务的最高领导者，属于集团高管职级，可参与集团重大决策，保障和促进集团跨越式发展。

截至2019年，东旭集团知识产权团队已逐步成长为颇具行业影响力的知识产权管理团队。其核心人员具有多年国家知识产权管理部门、司法机构、大型央企或律师事务所工作经验，具有良好的法律背景和技术背景，部分成员具有一定的金融投资、商务背景，多人入选国家知识产权专家库专家，具有全国专利信息利用人才、律师及代理人等资质，从而保证团队不仅能高效完成集团及各子公司的知识产权战略规划、专利挖掘布局、专利分析预警、专利纠纷处理等工作，也对集团投资并购项目开展、商务合作与谈判、市场开拓与运营等核心业务在知识产权方面提供有力的支撑和保障。

引入风控理念，加强业务融合

随着集团业务的不断扩大，为了适应集团跨越式发展的需要，知识产权融入了集团大法务管理体系。知识产权中心原有的知识产权风险控制职能继续保留，并参与集团或上市公司的投资并购项目、业务部门以及子公司涉及知识产权条款的重要合同的审查、集团及子公司涉及知识产权的诉讼和维权等工作中，形成了以法律合规为轴，以知识产权创造、运用、保护、管理为抓手，以技术研发、市场销售、投资并购等业务为支撑点的管理架构，将知识产权中心的工作全面渗透到集团业务的方方面面，真正高效地发挥知识产权对企业的价值。比如，在集团的投资并购项目中，东旭集团会针对标的公司或其核心产品进行充分的专利风险、技术及市场状况分析，同时结合实地尽职调查，作出独立的投资价值判断。

在这样的理念下，知识产权部门与研发、市场、销售、投资、战略等不同业务部门进行了充分沟通对接，帮助其明确各自业务范围内可能存在的风险点，再从知识产权的角度去考察如何识别、预警和应对这些风险，从而与上述业务部门形成强关联，深度融入企业运营管理的方方面面。

强化信息利用，助推企业发展

东旭集团还构建了专利预警分析、TMP 产业导航分析和企业专利资产盘点三大体系，将专利信息利用贯穿企业技术研发、产品上市、日常预警、投资并购、产业扩张等环节。

在公司 LTPS 玻璃的研发前期，首先，广泛收集现有技术，对相关文献进行甄选加工，获得有价值的技术信息，进而不断优化自身的原创方案。其次，针对目标国家和地区，进行全面的专利风险排查。一方面，对发现的高风险专利申请和专利，根据所处阶段不同，采取相应的应对措施；另一方面，对自身原创方案进行规避设计，通过改变或减少相应技术特征，尽量降低侵权风险。最后，围绕自身的技术方案进行系统的专利布局。通过在研发阶段对专利信息的利用，充分发挥专利信息的强大支撑作用，有效提升了新产品研发效率。

凭借多年的努力，东旭集团知识产权管理工作结出累累硕果。截至 2019 年 10 月，东旭集团提交专利申请 2900 余件，获得授权 1700 余件，被评为国家知识产权局优势和示范企业，获得中国专利金奖、国家科技进步一等奖等荣誉；东旭集团知识产权团队被相关机构评为"2016 年度中国杰出企业知识产权管理团队"。

启 示

　　企业的高质量发展，需要重视科学高效的知识产权管理，通过知识产权与企业核心业务深度融合，在防范风险和创造价值两个方面促进，不仅能为企业创造经济价值，而且提升了企业的品牌知名度和竞争力。

　　东旭集团的知识产权管理工作有两大亮点。一是引入风控理念，梳理出了企业运营管理过程中的各类知识产权风险，并将这些风险点作为连接公司业务与知识产权工作的桥梁，使得知识产权工作可更好地与集团各项业务相融合。二是抓好专利信息利用工作。专利信息利用是企业知识产权工作融入企业核心业务的最好抓手，专利信息利用只有深入融合到生产经营管理中，才能充分发挥出它的作用，体现出它的价值，才能更有力地促进企业生产经营管理，助推企业跨越式发展。

后　记

　　《知识就是财富——知识产权支撑创新发展案例选编》的编写和出版受到湖北省知识产权局的专项资助，将作为湖北省知识产权局培训使用的通识教材。本书的编写历时一年有余，从选题策划、框架确定、案例征集、案例筛选、案例整理、案例修改、专家点评、全书统稿、编辑审校到审阅定稿，编写组多次召开讨论会，湖北省知识产权局李述武副局长和湖北省知识产权发展中心张鹏飞副主任全程指导，无论是章节的选题策划、框架确立，还是单篇的谋篇布局、遣词造句，他们都付出了极大的心血。

　　本书案例来源主要分为三个部分：一是直接面向湖北省内企业征集以"知识产权创造财富"为主题的案例；二是从湖北省知识产权局组织编写的内部刊物《创新基石　伴你成长——企业知识产权风云启示录》中选取案例；三是从《中国知识产权报》、中国知识产权资讯网等知识产权领域的权威媒体收集整理典型案例。

　　在书稿的编写分工上，张鹏飞负责书籍框架的构思、章节标题的审定以及前言的撰写。罗林波、宋冬冬、张鹏飞、邓云云、江尚、代婷婷、程玲、王媛、黄蓉、陈国慧、张玉波、裴海天、陈柳依、刚毅、郑杰、陈泰安、黄晓宁、张玉妮、周文利、张雪彤子负责案例导语及案例内容的编写。罗林波、宋冬冬、张鹏飞、何科方、邓云云、焦洪涛、伍春艳、张恋、周文利、魏波、余健、迟峰、徐沛歆、曹杰负责案例启示部分的点评。

本书编写过程中，湖北省知识产权局李铮、陈轶、陈波、刘维、杨雨佳、刘晶等领导、专家在百忙之中给予了许多宝贵的意见，在此表示衷心感谢。

感谢中国地质大学出版社舒立霞编辑以及中部知光技术转移有限公司的王少培、官文俊、王玮、魏波、曹雄、张思重、刘娟、迟峰、杨明、胡顿、李景协助本书的审校工作。

感谢中国知识产权报社王瑞、姚文平、柳鹏，以及湖北省知识产权发展中心杨雨佳，为本书案例的版权许可所提供的帮助。

感谢湖北高韬律师事务所鄢志波律师为本书出版提供的法律咨询。

还要感谢知识产权出版社刘江博士和其他编辑为本书顺利出版所做的努力。

因时间仓促及水平有限，编写组对案例的来源、资料和数据虽经过了确认，但恐防有漏落。如涉及知识产权问题或者其他可能的侵权问题，请及时与编写组联系。

恳切希望读者们能将本书的进一步完善建议和意见反馈给我们，以便再版时改进。